JULIEN LECLERCQ

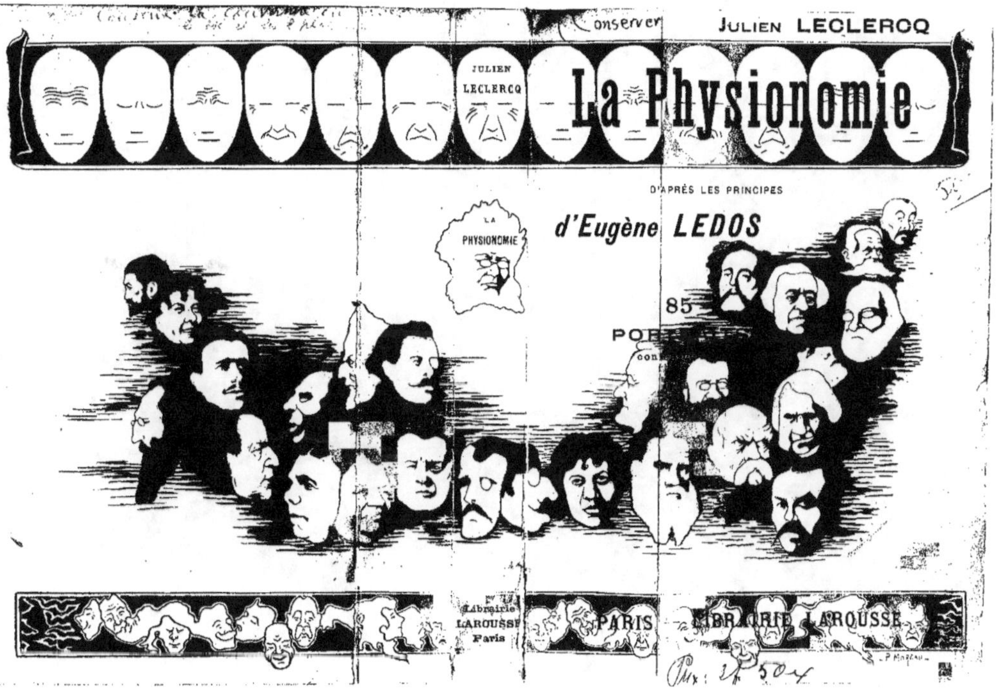

La Physionomie

D'APRÈS LES PRINCIPES

d'Eugène LEDOS

85

PORTRAITS

LA
PHYSIONOMIE

Librairie
LAROUSSE
Paris

PARIS — LIBRAIRIE LAROUSSE

LA

PHYSIONOMIE

VISAGES ET CARACTÈRES

La présence de l'homme, sa figure, sa physionomie sont le meilleur texte pour tout ce qu'on peut dire de lui.

(Gœthe.)

Traité de la Physionomie humaine, par Eugène LEDOS

(H. Oudin, rue de Mézières, Paris).

JULIEN LECLERCQ

LA PHYSIONOMIE

VISAGES ET CARACTÈRES

Quatre-vingt-cinq portraits contemporains

D'APRÈS LES PRINCIPES

D'EUGÈNE LEDOS

PARIS. — LIBRAIRIE LAROUSSE

17, Rue Montparnasse. — SUCCURSALE : Rue des Écoles, 58

AVANT-PROPOS

LA PHYSIOGNOMONIE

Le but de la Physiognomonie — Son importance — Sur le caractère — Les psychologues — Stuart Mill et Th. Ribot — Le visage des morts — Napoléon et Voltaire — Histoire de la Physiognomonie — La Métoposcopie — Principaux physionomistes, de l'antiquité au xviii⁰ siècle — Ressemblances animales — J.-B. Porta — Lavater peint par lui-même — Charles Lebrun, peintre de Louis XIV — Une science *humaine* — Difficulté de devenir un bon physionomiste — Kant et Darwin — Une observation importante — Anatomie et mimique — Conseils aux curieux qui voudraient étudier la physiognomonie — L'opinion d'Obermann.

Tout le monde sait ce qu'on entend par « Physiognomonie ». C'est la science qui a pour but la connaissance de la nature intérieure de l'homme par sa nature extérieure ; autrement dit, de l'âme par le corps. Mais les initiés s'arrêtent le plus souvent au seul examen du visage, qui est, en effet, la partie vraiment expressive et caractéristique de l'individu, et dans laquelle les hommes s'accusent le plus nettement.

I

« Il n'y a pas de menteurs, personne ne masque. » Ce mot est d'un écrivain solitaire, amoureux d'art et amoureux de la vie, connu des lettrés, qui a pris sans bruit, mais sûrement, une place que nos successeurs, après la mise en ordre de toute la vaine littérature de la seconde moitié de ce siècle, lui feront plus belle. Un jeune poète, qui se dédiera quelque jour à la vie monastique, un des meilleurs, des plus lucides et des plus simplement lyriques de la génération nouvelle, Louis Le Cardonnel, disait un soir : « Jean Dolent (1), ce Joubert un peu de Belleville! » Et ce vers blanc jeté dans la conversation était, en même temps qu'une boutade spirituelle, un fin jugement.

Notre auteur a raison. Personne ne « masque », personne ne peut s'arroger des facultés qu'il ne possède pas, parer sa médiocrité, déguiser sa sottise, donner à sa vanité l'aspect d'un bel orgueil, taire sa faiblesse, voiler son envie, sa lâcheté ou sa haine, simuler la puissance et le génie quand on est un plagiaire, jouer au juste ou au charitable quand on est un parodiste imbécile ou un cuistre. S'il y a des gens qui *essayent* de mentir, il n'en est pas qui *sachent* mentir, qui mentent absolument. Jean Dolent entend par là que le langage, quoi qu'on prétende, ne trompe pas. Il suffit d'être attentif à celui qui parle; et, s'il tente de vous dérober sa pensée, soyez certain que vous ne tarderez pas à la pressentir dans l'inflexion de sa voix, dans la forme de sa parole et jusque dans la façon dont il mésuse des mots.

Puisque le langage, qui serait pourtant de tous les instruments du mensonge le plus docile, ne parvient pas à tromper, à plus forte raison est-il vrai de dire que la physionomie de l'homme ne ment pas. L'hypocrisie — et j'emploie à dessein ce mot, qui signifie *sous le masque* — comme le mensonge, n'est qu'une tendance, une forme vite perceptible du caractère, et ne connaît point de triomphe. Bavard ou taciturne, impassible ou agité, tout le monde porte sur soi l'em-

____

(1) Voir le *Grand Dictionnaire Larousse*, t. XVII : DOLENT (Jean).

preinte de son âme. Nous coudoyons à chaque instant des gens avec qui tout contact verbal nous est impossible; nous en rencontrons quotidiennement avec lesquels nous n'échangeons que des formules peu significatives de politesse. Or ni les uns ni les autres ne nous sont complètement étrangers, si, éveillés par notre sensibilité et guidés par notre intelligence, nous prenons la peine de les observer. Beaucoup de personnes, en vertu de notions indéfinissables, parviennent à se former un jugement très exact de ceux qui les approchent. Chacun de nous est plus ou moins physionomiste, bien que sujet à l'erreur. La maîtresse de maison qui engage une servante, le commerçant qui prend un employé, le chef de parti qui recrute des affiliés, consciemment ou inconsciemment, s'en rapportent presque toujours à l'allure et au visage avant de décider leur choix. C'est donc que nous sentons confusément qu'il y a un langage évident dont il s'agit de déchiffrer l'alphabet. Devant la fragilité des notions instinctives, trop inconstantes et pleines de trahisons, des hommes, à tous les âges, dans toutes les civilisations, sous toutes les latitudes, ont cherché les lois qui régissent cette occulte science dont plusieurs autres dérivent. Ces sciences, suivant la marche de l'humanité, se sont transformées, perfectionnées ou multipliées. Telle est plus ancienne, et telle plus récente; la plupart sont, faute de fondement raisonnable, tombées en désuétude.

La chiromancie, la graphologie et la physiognomonie, qui m'occupe aujourd'hui, ont séduit un grand nombre d'esprits investigateurs qui, le plus souvent égarés par une obscure imagination, n'ont rien laissé de bien précieux; quelques-uns, éclairés par une intuition lumineuse, ont légué à leurs successeurs d'importantes observations qu'il a suffi de dégager de systèmes vieillis. Notre philosophie et notre savoir ne nous permettent plus de traiter la physiognomonie comme autrefois.

Pour servir à la connaissance de l'individu par l'étude de son caractère, la graphologie, en attendant qu'elle devienne tout à fait inutile, sera toujours incomplète et d'un moindre intérêt. D'une part, l'écriture suppose une éducation; d'autre part, l'usage généralisé de la machine à écrire, chose aussi menaçante que probable, la rendra inutile. Le professeur Th. Ribot, le remarquable psychologue du Collège de France, dont les œuvres et les cours témoignent d'une si profonde lucidité, disait, dans un article de la *Revue philosophique* : « Le caractère plonge ses racines dans l'inconscient, ce qui veut dire dans l'organisme individuel. » Il avait dit ailleurs : « Le caractère, — — c'est-à-dire le *moi* en tant qu'il réagit, — est le produit extrêmement complexe que l'hérédité, les circonstances physiologiques antérieures et postérieures à la naissance, l'éducation, l'expérience ont contribué à former. On peut affirmer aussi sans témérité que ce qui le constitue, ce sont bien plutôt des états affectifs, une manière propre de sentir, qu'une activité intellectuelle. » Or, parce que l'écriture suppose une éducation, la graphologie nous signalera, du caractère surtout, ce que l'éducation et l'expérience auront contribué à en former ; et elle n'aura pas l'avantage de nous indiquer le degré intellectuel. La chiromancie, au contraire, nous renseignera admirablement sur les états affectifs, sur tout ce qui, dans le caractère, est inné et dépend des circonstances physiologiques. Avec la chiromancie, nous plongeons dans l'inconscient, dans l'organisme individuel. Il ne faut pas non plus lui demander de déterminer le degré d'intelligence, — ce lui est tout au moins difficile ; mais elle sera très explicite sur un grand nombre d'indications fournies par la graphologie. On reconnaîtra un criminel à sa main, non à son écriture ; et si des instincts criminels sont capables d'être refrénés, on le reconnaîtra encore à l'examen de la main, non à l'écriture. La graphologie ne révèle en vérité que des petits coins du caractère, souvent des sentiments acquis et passagers ; elle est en cela curieuse et vaut d'être cultivée. A cause de cela, elle offre en outre un intérêt tout particulier, sur lequel je ne puis m'étendre ; car il n'est ici question de graphologie et de chiromancie qu'afin de bien montrer l'importance de la physiognomonie.

Mais revenons d'abord à ceci : que, dans le caractère, nous distinguons deux éléments, l'inné et l'acquis, ce qui nous vient de notre organisation et ce qui nous vient de notre éducation, ce qui est profond et ce qui est superficiel. Toutefois, il est bien évident qu'il ne se passe rien à la surface de l'être qui ne soit en communication avec son fond. L'éducation est un essai d'assimilation qui soumet l'organisme individuel à l'influence d'un milieu moral, lequel n'a d'influence que dans la proportion permise par l'organisme; de sorte qu'une éducation commune à un groupe d'individus n'agit pas rigoureusement de la même façon sur chacun de ces individus. A voir les effets obtenus par une éducation on peut, par induction, connaître le caractère inné,

et, par déduction, connaissant le caractère inné, on peut très bien préjuger des modifications apportées par l'éducation. Ces opérations, en somme peu faciles, qui sont imposées, l'une au chiromancien, l'autre au graphologue, le physionomiste n'a jamais à les faire. Dans l'être entier, dans son attitude, dans sa couleur, dans sa forme, dans les traits de son visage et dans leur mobilité, tout est inscrit, aussi bien les sentiments passagers que les sentiments permanents, aussi bien l'instinct que l'expérience, l'inné que l'acquis; nos douleurs et

Fig. 1. — Masque de Napoléon.

nos joies et toutes les nuances de l'intelligence y sont lisibles.

Bien que le physionomiste inspecte l'homme dans son ensemble, ne considérons que le visage, qui est une synthèse du tout et, comme je viens de le dire, la partie clairement significative de notre individu. Qu'on l'étudie quand il est au repos, dans ses lignes de contour, dans ses traits, et apparaîtront à l'initié de la physiognomonie les vertus latentes et les vices endormis de l'homme. Mais, dès que le visage s'éveille et, se mouvant, exprime, nous savons lesquels de ces vertus et de ces vices se sont développés en lui et si son âme est tranquille ou agitée, s'il a ou n'a point souffert.

Si la qualité de l'intelligence et l'application qu'on en peut faire sont visibles dans le visage au repos, la vitalité de l'intelligence et son pouvoir actif ne sont perceptibles que dans les expressions du visage. Disons, en passant, que la face des morts et la face au repos des vivants sont bien différentes. Le beau moulage pris sur Napoléon (*fig.* 1) en est un excellent exemple. Est-ce un grand capitaine? Est-ce un grand poète? Homme d'action ou homme de pensée? On ne sait plus. Grande intelligence et grande ambition, grand pouvoir, c'est tout ce qu'il reste. Ce héros guerrier semble rêver, sa face est calme et adoucie dans sa grandeur. La bouche close de l'homme aux belliqueux et vastes projets s'est ouverte dans la mort, et tous les traits de ce visage qui, vivant, avait été contracté par la réflexion, par l'effort dans la lutte et par une audace contenue pour mieux éclater, en même temps que par une réserve d'homme sur qui tous avaient les yeux, — tous les traits de ce beau visage se sont distendus. L'œil d'aigle s'est éteint sous la paupière baissée. De même, Voltaire mort a perdu son « hideux sourire », et il semble qu'il dorme « content », en dépit de l'apostrophe du passionné poète de *Rolla :* seul le penseur survit, le railleur s'est effacé.

Voyez encore, sur leurs lits mortuaires, ces hommes favorisés par les événements, encensés par une foule ignorante, marchant avec une étrange assurance au milieu des bruits d'une gloire illégitime, bateleurs de la politique, faux sages prêchant la fausse raison, histrions mimant le geste du poète, n'ayant eu qu'une intelligence de hasard, voyez comme leurs visages sont banals quand la flamme empruntée est tombée. Je sais des masques moulés de prétendus grands hommes, farceurs ambitieux, dont le spectacle décevrait ceux qui les ont le plus admirés. D'après Lavater, le visage répulsif qui trahit la méchanceté dans la vie s'ennoblit en quelque sorte négativement à la mort.

Tout ceci s'accorde absolument avec nos idées morales. La mort, c'est l'heure du pardon pour le criminel, de la justice pour l'éphémère qui déroba un peu de l'encens qu'on ne doit qu'aux dieux. Les dieux, ce sont les héros pour qui la vie commence dans la mort.

II

Les origines de la physiognomonie sont lointaines. Bien des siècles avant que ce mot eût pris place dans les dictionnaires et dans l'histoire de la science, dit P. Mantegazza, le professeur du Muséum d'histoire naturelle de Florence, dans son ouvrage sur *la Physionomie et l'Expression du sentiment* (1), « l'homme avait regardé le visage de l'homme pour y lire la joie et la douleur, la haine et l'amour, et il avait cherché à en tirer des divinations curieuses et d'une application quotidienne. Il n'est pas de peuple illettré, de langue rudimentaire, qui n'ait incarné dans quelque proverbe le résultat de ces premiers jeux de la divination. Les bosses, les regards louches, les yeux étincelants et les yeux éteints, les diverses

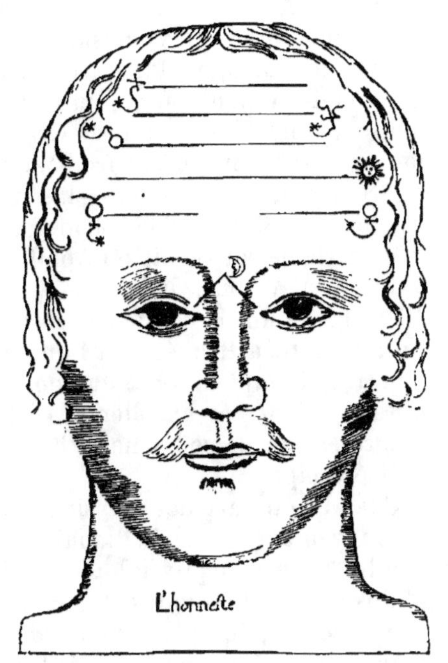

Fig. 2. — Métoposcopie de l'Honnête.

longueurs du nez et les diverses largeurs de la bouche sont célébrés ou condamnés dans les dictons populaires ». Il est certain que la physiognomonie florissait, comme la chiromancie, aux temps mystérieux des plus anciennes civilisations. Nous n'avons sur elle aucun important document antérieur à ceux légués par les Grecs et par les Latins. Comme dans la chiromancie, la vieille astrologie y joue long-

---

(1 Chez Félix Alcan. (Bibliothèque scientifique internationale.)

temps un rôle omnipotent. Chez les Grecs, les Latins et au moyen âge, la métoposcopie, par exemple, était une science de divination établie sur l'astrologie. Je n'en parle que par curiosité.

La figure extraite d'un ouvrage de Peruchio (*fig.* 2), physionomiste et chiromancien italien fort célèbre à la fin du XVIe siècle, aidera à la faire comprendre. Il s'agissait d'inspecter les lignes ou rides du front, « les incisures », comme on disait à la Renaissance, et chacune étant attribuée à une planète, selon que la ligne était belle et calme, ou brisée et accidentée, l'influence de ladite planète se faisait sentir soit en bien, soit en mal ; la moindre incision sur le front signifiait quelque chose. La première ligne, en haut, la plus voisine du cuir chevelu, était attribuée à Saturne ; la seconde à Jupiter ; la troisième à Mars ; la quatrième au Soleil ou Apollon ; la cinquième, sur le sourcil gauche, à Vénus ; la sixième, au-dessus du sourcil droit, à Mercure ; enfin, la septième, entre les deux sourcils, à la racine du nez, était attribuée à la Lune ou Diane. Avec ces données un peu trop simples, on imagine difficilement que les résultats obtenus aient été excellents. D'ailleurs, astrologie mise à part, la prétention de se borner à l'examen du front était d'un mauvais principe.

Chez la plupart des physionomistes de l'antiquité, que ceux du moyen âge et de la Renaissance ont imités, l'astrologie se combine avec la physiologie, celle du vieil Hippocrate, et la philosophie rationnelle d'Aristote, qui écrivit un livre sur la physionomie. Hippocrate, auteur d'un nombre incalculable d'ouvrages, n'omit pas non plus de traiter de cette matière. A propos de la complexion des divers tempéraments, beaucoup d'autres médecins, ses successeurs, ont suivi son exemple comme, à l'époque où le monde nouveau découvrait Aristote, beaucoup de philosophes, émerveillés du savoir encyclopédique de ce génie universel, ont marché sur ses traces. Parmi les médecins, il faut citer Galien, qui fut célèbre à Rome au IIe siècle ; Adamantius et Meletius, Grecs du IVe siècle ; les Arabes Avicenne et Averroès, l'un du Xe, l'autre du XIIe siècle ; Guillaume Gratarola, de Bergame, du XVIe siècle, et La Chambre, médecin ordinaire et conseiller de Louis XIV, qui appréciait infiniment sa science. Le philosophe le plus remarquable qu'on puisse citer pour avoir écrit sur la physionomie est Albert le Grand, moine dominicain, puis évêque, qui vivait au XIIe siècle et fut le maître de saint Thomas d'Aquin. Pline et Suétone n'avaient pas dédaigné de signaler l'existence de cette science. Platon fut probablement le premier qui eût comparé la physionomie des hommes à celle des animaux. Gaspard Schott, Barthélemy della Rocca, qui publia ses ouvrages sous les pseudonymes de Coclès ou de Corvus, Polémon, Antoine Molini, Huart, Philippe Pinelle. Jean Belot, Indagine, Piccioli, Jacob Bœhm, que Lavater estime pour sa sensibilité bonne conseillère, Peruchio, Prætorius, Albertus Tibertus, Scipio Claramontius sont au nombre des meilleurs physionomistes de la Renaissance ; Camper au XVIIIe siècle.

Mais le plus célèbre de tous est le Napolitain Jean-Baptiste Porta (*fig.* 3). Philosophe positif et psychologue perspicace, il a

Fig. 3. — J.-B. Porta.

le premier combattu l'astrologie en physiognomonie. Elle entre avec lui dans une phase nouvelle où l'observation et la physiologie ont une influence décisive, car, plus qu'aucun des savants de son temps, il répandit le goût des sciences naturelles. Cette page intéressante est de lui :

« Adamantius dit que la nature, même quand la bouche est muette, s'exprime par le front et les yeux. Le philosophe Cléanthe avait coutume de dire, d'après Zénon, qu'on peut connaître les mœurs d'après le visage. Les Pythagoriciens avaient pour règle, à ce que raconte Jamblique, lorsqu'il leur venait des disciples demandant à s'instruire, de n'en recevoir aucun s'ils n'avaient reconnu à de clairs indices, tirés de leur visage et de tout leur extérieur, qu'ils devaient réussir dans les sciences. Ils disaient que la nature constitue le corps d'après l'âme et donne à celle-ci les instruments qui lui sont nécessaires, qu'elle nous montre dans le corps l'image de l'âme, ou plutôt que l'un est l'échantillon de l'autre. On lit dans Platon que Socrate n'admettait aucune personne à philosopher sans s'être assuré, en examinant son visage, qu'elle y était propre. La physionomie d'Alcibiade indiquait, dit Plutarque, qu'il était destiné à s'élever au plus haut rang dans la République..... Platon et, après lui, Aristote ont dit que la nature proportionne le corps à l'activité de l'âme. En effet, tout instrument qui est fait en vue d'une chose doit être proportionné à cette chose ; et toutes les parties du corps sont faites pour quelque chose, et ce pour quoi une chose est faite est une action, d'où il suit clairement que le corps tout entier a été créé par la nature en vue d'une action excellente. »

Fig. 4. — LAVATER (1741-1801.)

Fac-similé d'une gravure au burin (tirée de l'*Art de connaître les hommes par la physiognomonie*).

Ce Jean-Baptiste Porta est, de tous les vieux physionomistes, celui qui incarne cette science avec le plus d'autorité. Il faut la venue de Lavater pour effacer un peu sa réputation.

J'ai rapidement signalé les étapes franchies par la physiognomonie, des anciens au XVIII° siècle. Faut-il insister sur Lavater, observateur intelligent et patient, ami enthousiaste des hommes, qui, sans notions très savantes, sans autre secours qu'un sentiment attentif, a laissé de très précieux documents dans son œuvre que tout le monde a eue entre les mains? Mais il est curieux de reproduire, en face de son portrait (*fig.* 4), l'analyse physiognomonique qu'il donne, d'après son visage, de son propre caractère. Il parle de lui-même comme s'il s'agissait d'un étranger, à la troisième personne :

« Mobile et irritable à l'excès, doué de l'organisation la plus
délicate, il compose un ensemble très singulier et qui contraste
dans un grand nombre de ses parties. Un enfant pourra le conduire et dix mille hommes ne pourront l'ébranler : on obtiendra
de lui tout ce que l'on voudra, ou l'on n'obtiendra rien ; et par
cette raison, il est à la fois l'objet de la haine la plus active et
des plus tendres affections. Avec un caractère pareil, on doit
passer tantôt pour un esprit faible, tantôt pour un esprit opiniâtre, et, cependant, il n'a ni faiblesse ni opiniâtreté. Tout
blesse, tout irrite sa sensibilité extrême. Il se livre à des emportements soudains, et, après réflexion, se calme et s'adoucit
aussitôt.

« Cette flexibilité en fait un homme presque toujours content ;
c'est elle qui le met en état de recevoir promptement des
impressions et de les rendre avec la même facilité. Ce qu'il doit
apprendre, il le sait d'abord, ou il ne le saura jamais. Il se plaît
dans des spéculations métaphysiques très élevées, et son intelligence ne va pas jusqu'à comprendre la plus simple mécanique.

« Son esprit s'occupe avec plaisir d'idées abstraites et géné-
rales. Il rejette tout ce qui est obscur et confus. Sa mémoire est
à la fois des plus heureuses et des plus faibles. Les objets
auxquels il a fortement donné son attention ne lui échappent
jamais. Il a quelque talent pour la poésie. Son imagination est,
dit-on, extravagante, déréglée, prodigieusement excentrique,
et, en conséquence, très décriée. Il est vrai qu'abandonnée à
elle-même, cette imagination se livrerait à des excès, prendrait
un vol trop haut ; mais elle est retenue par deux gardiens
sévères : le bon sens et un cœur honnête.

« Cet homme passe pour rusé, il n'est qu'étourdi : toute son
âme est toujours dans ses yeux et sur ses lèvres. On le croit
intrigant : il a toujours été le premier à s'accuser de toutes ses
fautes.

« Rarement on verra autant d'activité réunie à une tranquillité
aussi grande, tant de vivacité naturelle à autant de modération.

« Il est à la fois timide à l'excès et courageux jusqu'à l'intrépidité.

« Jamais on ne l'empêchera de poursuivre et d'achever une
entreprise sérieusement formée. Mais en même temps il se
soumet aveuglément aux décrets de la Providence. Il est inca=

pable de nuire ou de commettre une injustice. Il ne s'abandonne point à des sentiments ni à des projets de vengeance.

« La crédulité est son plus grand défaut, et il ne s'en corrigera jamais. Mais l'homme qui l'a trompé une seule fois lui devient pour toujours suspect. Ses impressions sont ineffaçables.

« Dans sa jeunesse, son embarras pour s'exprimer avait passé en proverbe, et aujourd'hui il passe pour un homme éloquent. Il sait beaucoup de choses, et il est le moins savant de tous les savants de profession. Rien, dans ses connaissances, n'est acquis; tout lui est en quelque sorte donné; tout chez lui est intuition, et ce qu'il a bien conçu ne sort plus de son esprit.

« Avec du penchant à la légèreté, il est constant, il mêle à ses sentiments religieux une douce mélancolie. Sa sensibilité extrême n'altère pas sa sérénité naturelle et sa bonne humeur le quitte rarement pendant un demi-jour entier. Il aime et n'a jamais été amoureux.

« Je vois dans ce portrait un caractère poétique, beaucoup de sentiment, mais encore plus de sensibilité, une bonté qui va jusqu'à l'imprudence.

« L'expression poétique, c'est-à-dire une imagination féconde à laquelle se joint un sentiment prompt et délicat, on la retrouve surtout dans le contour et la position du front, et plus particulièrement encore dans l'arc presque imperceptible de ce nez de furet.

« La bonté se peint dans toutes les parties du visage par des contours doucement courbés et qui n'ont rien de tranchant. Le même caractère reparaît encore plus distinctement dans cette lèvre qui avance, trait commun à tous les enfants en bas âge.

« Le long intervalle qui sépare le nez de la bouche devient l'indice du défaut de prudence et de la précipitation. Le contour inférieur, depuis la lèvre inférieure jusqu'à l'extrémité du menton, promet un homme appliqué, ami de l'ordre.

« Le dessin de cette partie n'est pas tout à fait exact, car la lèvre inférieure est trop fortement prononcée et l'enfoncement au-dessus du menton devrait rentrer un tant soit peu davantage; mais, tels que nous les voyons ici, ces traits annoncent dans l'original un caractère fixe, un esprit juste et qui ne néglige point les plus petits détails, quoique, d'un autre côté, l'expression qu'ils produisent soit affaiblie et même énervée par l'allongement de toute cette section du visage et de celle qui avoisine le nez.

« Sans connaître l'original, je dirais avec une pleine certitude que j'y aperçois beaucoup d'imagination, un sentiment vif et rapide, mais qui ne conserve pas longtemps les premières impressions ; un esprit clair qui cherche à s'instruire et qui s'attache à l'analyse plutôt qu'aux recherches profondes ; plus de jugement que de raison ; un grand calme avec beaucoup d'activité et de facilité. Cet homme, dirais-je encore, n'est pas fait pour le métier des armes, ni pour le travail du cabinet. Un rien l'oppresse, laissez-le agir librement, il n'est que trop accablé déjà. Son imagination et sa sensibilité transforment un grain de sable en montagne ; mais, grâce à son élasticité naturelle, une montagne ne lui pèse pas plus qu'un grain de sable » (1).

Les dessins du peintre officiel de Louis XIV, Charles Lebrun, sur les rapports de la physionomie des animaux avec celle des hommes, sont des fantaisies d'artiste. La prudence est de rigueur dans ces sortes de comparaisons, rien n'est plus trompeur. Les rapprochements entre certains contemporains célèbres et le singe sont moins de véritables caricatures que d'amusantes plaisanteries.

III

Je ne crois pas que ce soit jamais à la portée de beaucoup de gens d'être bon physionomiste, et j'entends par là bon juge et appréciateur éclairé du caractère et de la nature de ses semblables. L'antipathie ou la sympathie instinctives seront toujours difficiles à combattre ; le contact de deux individus est trop immédiat, je dirais trop physique, pour qu'avant tout travail de la raison on ne soit pas déjà influencé par des idées préconçues. D'autre part, la raison froide commanditée par l'intel-

---

(1) Dans ce portrait physionomique de Lavater par lui-même, on reconnaît l'influence du caractère de Mercure. (Voir page 44.)

ligence abstraite n'aboutit qu'à l'arbitraire dans ce domaine. Il est indispensable d'être doué d'une sensibilité délicate. Si l'on ne subissait pas vivement les impressions venues de l'extérieur, comment saurait-on exercer une science fondée sur des apparences objectives? La physiognonomie est une science *humaine ;* elle est, par opposition aux sciences exactes comme les mathématiques, inexacte par excellence, car les accidents du visage comme ceux de l'âme sont variables. Elle est donc imprécise.

Mais dire de la physiognomonie qu'elle est inexacte ne revient pas à dire que la connaissance n'en soit pas soumise à certaines notions réfléchies, conscientes. Les idées d'autrefois n'étaient point faites pour en faciliter l'étude. Avec le savoir moderne, elle est plus accessible. Et par cette loi du secours mutuel que se prêtent toutes les sciences, après avoir reçu des services, elle pourra les rendre à son tour. Les psychologues ne doivent pas la dédaigner.

« La science du caractère, que Stuart Mill réclamait il y a plus de quarante ans sous le nom d'*éthologie*, n'est pas faite, ni, à ce qu'il me semble, près de l'être », dit M. Ribot dans ses *Maladies de la volonté* (1). Qui sait? C'est peut-être un physionomiste instruit qui un jour établira cette science selon des lois fondées sur les proportions dans lesquelles se combinent certains états psychologiques simples — tout au moins peu complexes — et sur la façon dont ils se combinent, réagissent ou se neutralisent. Au moment où la science du caractère devient une hypothèse raisonnable, la physiognomonie se conçoit plus définissable et le physionomiste n'apparaît plus comme un personnage extravagant, élu d'en haut. La variété des visages explique la variété des caractères, et réciproquement. Or, avec les notions de la vieille psychologie abstraite, avec le dogmatisme religieux et le systématisme mathématique, cette variété se trouvait être fort mystérieuse. La science du caractère serait suivie de grands effets. Elle réformerait bien des préjugés qui servent encore de base à notre société surannée. La psychologie scientifique, en achevant de fonder la philosophie individualiste, nous mène à ce triomphe d'où naîtrait un monde

---

(1) Chez Félix Alcan. (Bibliothèque philosophique contemporaine.)

nouveau vraiment conçu selon les plans de la vie. La science
du caractère! c'est-à-dire les lois de l'Individu enfin connues.
Puisque la physiognomonie nous aide à la connaissance des
caractères, il n'est pas absurde de supposer qu'elle puisse un
jour nous conduire à l'éta-
blissement de cette « éthologie » appelée de tous ses
vœux par Stuart Mill, que
cite M. Th. Ribot, dont
tous les ouvrages sont d'un
si clair enseignement.

Il serait extraordinaire
qu'elle n'eût pas attiré
l'attention des philosophes
et savants du XIXᵉ siècle.
Darwin, toujours en quête
de preuves pour expliquer
sa théorie de l'évolution,
fut amené à étudier et à
expliquer la plupart des
phénomènes de la mi-
mique dans l'expression
des sentiments et des passions. Son livre sur l'*Exposition des émotions* en témoigne. Et la seconde
partie de l'*Anthropologie* de

Fig. 5. — Caracalla.

Kant n'a-t-elle pas pour titre : *Caractéristique de la manière de
connaître l'intérieur de l'homme par l'extérieur?*

Un moyen bien simple de connaître quelquefois la pensée des
autres, c'est d'imiter leurs attitudes et les jeux de leur physionomie. Kant insiste sur ce fait physiognomonique. En se mettant volontairement dans une position déterminée, l'on ressent
une affection correspondante. Le professeur Wundt, qui a rendu
tant de services à la psychologie physiologique, nous rend intel-
ligible ce phénomène : « Le mouvement mimique s'offrant à
nous comme une action réflexe d'un état intime de l'âme, il jouit
de la propriété d'influer à son tour sur cet état. C'est à peine si
les psychologues de l'école ont honoré de leur attention cette

influence réciproque de la sensibilité musculaire et des mouvements intimes du cœur. »

Ce fait, physiognomonique m'a été révélé à mon grand étonnement par une enfant de douze ans, bien avant que je lusse Kant. Voici dans quelles circonstances.

On lui avait acheté, pour le dessiner, un moulage du Caracalla (*fig.* 5) du Louvre, dont l'expression la tourmentait fort, parce qu'elle n'en pouvait définir absolument le sentiment. Elle ne trouvait qu'une chose à dire : « Pourquoi est-il si laid ? » Alors, devant moi, elle se composa tant bien que mal un masque analogue à celui du plâtre en question et, après quelques secondes de cette contraction musculaire : « Eh bien ! il n'est pas bon, tu sais. »

Un professeur de l'université de Leipzig, M. Birch-Hirscheld, cité par le Dr Piderit, constate « que toutes les fois que les enfants ne se rendent pas très bien compte de la signification d'une forme quelconque, ils l'imitent très souvent avant de répondre ». Ce phénomène est d'un précieux emploi, à condition de n'en pas abuser. Il y aurait, je crois, un danger à emprunter fréquemment l'âme d'autrui. Voyez les acteurs. N'est-on pas tenté parfois de leur demander ce qu'ils ont fait de leur âme, en quel conservatoire, derrière quel portant ils l'ont laissée ? M. S..., de la Comédie-Française, racontait un jour que, ne sachant quoi répondre à quelqu'un qui l'obsédait de propos peu spirituels, il lui avait ri au nez, — et il ajouta : « Vous savez, de mon rire de Gros-René. » Ce qui prouve bien que l'acteur S... n'a plus un rire qui lui appartienne. Mais eût-il su aimer de l'amour de Roméo ? Il est vrai que ce n'est pas un rôle de son emploi.

IV

On distingue aujourd'hui dans la physiognomonie deux choses : la mimique et l'anatomie. La mimique, c'est-à-dire, par les jeux musculaires, l'expression des sentiments et des passions ; l'anatomie, c'est-à-dire, par la conformation, l'indice des aptitudes, facultés, défauts, impuissances. Les rapports des jeux muscu-

laires et des sentiments et passions sont connus ; ceux de la conformation et des aptitudes ou défauts ne le sont pas. C'est pourquoi les savants méprisent jusqu'à présent outre mesure cette
seconde partie de la physiognomonie, la plus importante pour
ce qui est de la révélation du caractère. On va tout de suite le
comprendre. Si l'expression des sentiments et des passions est
identique chez tous les individus, il n'en est pas de même de la
manifestation des sentiments et des passions, car cela tient à un
fonds personnel qui vient de l'organisme individuel. La mimique
n'est souvent que l'expression d'états passagers, point fonciers,
ne révélant absolument rien de notre individu. Je suppose, par
exemple, que la volonté soit un trait du caractère. Or l'expression volontaire indiquera beaucoup plus un effort de volonté
qu'une volonté capable de se résoudre en action ; les efforts
n'aboutissent pas toujours. Il faut, pour qu'un visage présente
le vrai caractère de la volonté, que l'expression volontaire se
combine avec une certaine conformation. Et de la conformation
considérée isolément, sans accompagnement d'expression volontaire, on peut déduire que l'individu, le cas échéant, aura ou
n'aura pas de volonté, par conséquent qu'elle est ou n'est pas
un trait de son caractère. Mais l'expression d'une passion ou
d'un sentiment devenue habituelle, indiquant un état permanent, est bien le signe d'un trait de caractère ou tout au moins
d'une tendance digne d'attention. A ce point de vue de la signification physiognomonique d'expressions habituelles, le livre
du Dʳ Piderit (1), de Detmold, que j'ai nommé plus haut, est
supérieurement instructif. Le lecteur en sera convaincu après
les deux exemples suivants, faciles à retenir et d'une observation fréquente.

1° LE TRAIT SCRUTATEUR. — « Lorsqu'on est sur le point de
goûter un objet perceptible au goût, du vin par exemple, on
l'introduit entre les lèvres que l'on avance en forme de museau
(*fig.* 6) ; on fait alors glisser avec prudence et lenteur le liquide
sur la face supérieure de la langue, afin que l'impression de goût
soit prolongée autant que possible et que l'on gagne ainsi du

____

(1) *La Mimique et la Physiognomonie*, par Th. PIDERIT. (Chez Félix
Alcan, 1888.)

temps pour déguster l'objet sapide. L'on observe la même expression du visage chez les hommes qui examinent la valeur ou l'insignifiance d'un objet, soit qu'il s'agisse en cela d'objets perceptibles par les sens, soit qu'il y soit question de représentations abstraites ou d'association d'idées... Le critique d'art qui considère un tableau, le médecin qui étudie le pouls de son malade, le juge qui pèse la déposition d'un témoin, le marchand qui suppute l'acceptabilité d'une proposition commerciale, chacun se sent involontairement tenté d'avancer les lèvres, comme s'il était sur le point de goûter un mets, et cela d'autant plus facilement qu'il s'imagine être plus apte, plus appelé à porter un jugement.

« PHYSIOGNOMONIE : L'on trouve le trait scrutateur (à l'état permanent) chez des gourmets, chez des hommes dont toutes les pensées, toutes les aspirations sont tournées vers les joies de la table... Cette forme de la bouche se développe aussi chez les hommes qui ont une haute idée de leur propre valeur et qui, dans cette croyance, se sentent appelés à juger de la valeur des autres, à apprécier les opinions et les conditions d'autrui et font très volontiers les importants. »

Fig. 6.
Trait scrutateur.

2° LE TRAIT MÉPRISANT. — « L'expression mimique du mépris, du dédain, se manifeste en partie *dans les yeux*, en partie *dans la bouche*. Celui qui veut faire voir son mépris lève la tête afin d'abaisser son regard sur l'objet de son dédain ; il exprime ainsi qu'il se sent lui-même supérieur à ce qui lui semble bas. Seulement, il ne regarde pas l'objet de son mépris en face, mais *de côté*, comme s'il ne jugeait pas nécessaire de tourner la tête pour le fixer dans les yeux ; en même temps, les paupières tombent comme dans l'assoupissement et comme signe d'une indifférence extrême envers la cause visible ou imaginaire de son dédain ; cependant un certain degré d'attention paresseuse et contrainte se reconnaît à la tension des muscles frontaux : *les sourcils sont*

tirés en haut et il se forme sur la peau du front des plis horizon-
taux (fig. 7). De cette façon, un faible degré de mépris ne s'exprime que dans les yeux ; mais, dans des degrés plus forts d'un
dédain orgueilleux, l'expression de la bouche se modifie aussi
d'une manière particulière. Le trait de l'amertume apparaît dans
la lèvre supérieure comme si l'on ressentait un goût désagréable,
dégoûtant, et, en même temps, on repousse la lèvre inférieure
en avant et en haut comme si, par ce mouvement, l'on désirait
éloigner un objet insignifiant
qui se rapprocherait des lèvres.

« Physiognomonie : L'expression du mépris se trouve phy-
siognomoniquement chez des
hommes prétentieux, arrogants,
qui ont coutume de mesurer les
conditions et les opinions d'autrui sur l'échelle de leur propre
excellence imaginaire et qu'il
est difficile de satisfaire... Ce
trait se manifeste dans les yeux
par des sourcils hautement
arqués, des rides horizontales
et des paupières baissées. Dans

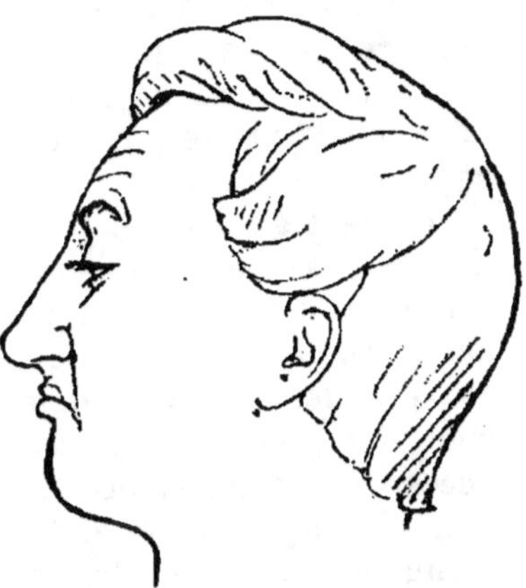

Fig. 7. — Trait méprisant.

la bouche, on le reconnaît à ce que le milieu de la lèvre inférieure semble pressé vers le haut et que, sous son rebord rouge,
qui est un peu renversé en dehors, apparaît un pli arqué dont
la convexité est tournée vers le haut. »

Il est indispensable, pour l'étude de la physiognomonie, de
bien connaître la mimique, comme il est nécessaire aussi de
connaître les caractères physiologiques des divers tempéraments, soit simples, soit composés, et de pouvoir les distinguer.
Les émotions créées chez un sanguin, chez un nerveux, chez un
bilieux et chez un lymphatique par des sujets d'émotions identi-
ques sont, on le conçoit, dissemblables et engendrent des états
psychologiques et des actions très différentes. La durée de certaines émotions chez certains individus est un trait du caractère.
Le tempérament joue là un grand rôle. Il y a eu de nombreux

travaux faits sur la mimique. Avec le Dr Piderit, le professeur Mantegazza est, au point de vue des conséquences physiognomoniques, celui qu'on lira avec le plus de fruit. Le célèbre criminaliste Lombroso, qui est surtout, il faut bien le dire, un statisticien — et la statistique n'est pas une science, ni même une auxiliaire bien sûre des sciences — relève, dans *l'Homme criminel*, quelques faits anatomiques de physiognomonie ; mais, outre qu'ils sont très peu nombreux, ils ne sont point particuliers aux seuls criminels, chez lesquels, d'autre part, — et Lombroso en témoigne, — ces faits anatomiques (développement de la mâchoire inférieure, asymétrie faciale, microcéphalie, sinus frontaux, etc.) ne se présentent pas toujours. Les formes sont capricieuses, disent les savants, et il est dangereux de leur chercher une signification, car c'est ouvrir le champ à l'imagination — et sait-on jamais où elle mène ?

Il est pourtant certain qu'une forme est le signe d'une destination en ce qui concerne les choses et d'une destinée en ce qui concerne les hommes. Quand un physicien construit un instrument quelconque pour un usage déterminé, la forme naît des nécessités de résistance de l'instrument et des qualités de la matière employée ; quand un architecte conçoit une forme de monument dans une matière déterminée, il tient compte de la destination et des nécessités de résistance de la construction. Si, d'une part, la forme d'un monument ou d'un instrument peut nous en révéler la destination, d'autre part, cette forme peut nous induire en erreur si, dans la construction du monument ou de l'instrument, il n'a pas été tenu compte de certaines lois physiques ; car alors l'instrument se brise, le monument tombe en ruine et nous avons été la dupe d'une illusion. C'est exactement la même chose en physiognomonie.

Aussi, après avoir observé : 1° l'anatomie ou forme dans le visage et tout l'individu ; 2° la mimique ou expression aussi bien dans le visage que dans tout l'individu ; — il faut absolument observer : 3° le tempérament et 4° le degré de vitalité, par quoi nous apprécierons la résistance.

Voulez-vous être un bon physionomiste ?...

Je me résume.

Étudiez, avec les médecins, les tempéraments et leur pathologie, — puisque M. Taine vous déclare que l'humanité est composée de fous et de malades ; — demandez aux physiologistes les lois (celles qui sont connues) de l'activité physique, la mimique en dépend ; les grands psychologues modernes, Spencer, Wundt, Ribot, vous donneront de précieuses leçons sur l'activité de l'esprit ; fréquentez les hommes individuellement et par groupes. Fréquentez-les surtout par groupes, car un caractère devient plus évident lorsqu'il est soumis à des influences ou à des chocs ; son impuissance foncière ou ses forces latentes prennent alors toute leur signification.

Il manque à la physiognomonie, pour l'asseoir tout à fait et en faciliter l'étude, la connaissance motivée des formes et leurs relations avec le caractère. Mais il n'est pas impossible qu'on la trouve. Elle est déjà trouvée peut-être.

Je reviens au « Prenez garde à l'imagination ! » des savants. Ils se méfient d'elle, ils ont tort, eux qui ont tant de confiance en l'observation. Est-ce que l'imagination n'est pas le trésor de l'homme ? Elle égare, dit-on. Il n'est pas possible que l'homme ait une faculté qui l'égare quand elle est saine. Elle est un instinct supérieur. Mais il en est d'elle comme de toutes les facultés, qui varient d'intensité ou d'équilibre avec les individus, allant de la vérité à l'erreur. Il y a l'imagination *fausse*, comme il y a la raison *fausse* et comme il y a aussi l'OBSERVATION FAUSSE. Tant d'observateurs nous ont tant de fois trompés que, parfois, nous pourrions nous en rapporter à quelques imaginatifs. En tout cas, chez l'homme *complet*, on ne saurait séparer l'observation de l'imagination ; celle-là est la nourriture de celle-ci, et réciproquement.

Ne brisons pas le faisceau de nos facultés et ne disons pas : « Il nous faut développer les unes et annihiler les autres. » C'est alors qu'apparaissent le désordre, l'erreur et l'impuissance. Et c'est parce que chez les hommes le faisceau des facultés est incomplet ou mal lié que le monde est peuplé de fous et de malades, et que Taine a effroyablement raison quand il dit que la santé de l'esprit, comme la santé des organes, n'est qu'un magnifique accident.

Observez bien les hommes, soyez physionomiste, et vous constaterez qu'un beau visage équilibré et radieux de tous les rayons de la supériorité, c'est-à-dire de l'état normal, n'est aussi qu'un heureux accident — si rare !

V

Il est un livre que j'aime à emporter sous les arbres. Sa compagnie m'est chère : c'est comme une promenade avec un ami qu'on estime pour sa conversation intelligente et nombreuse, pour son cœur triste, mais dont on n'ose pas discuter les opinions, tant on le sent sincère et irrémédiablement logique avec lui-même. Ce livre, chaque fois que je l'ouvre, me cause une peine infinie, et pourtant j'y reviens toujours. Quel prestige ont les amis malheureux ! Et celui-là est d'une telle distinction, en outre !

Ce livre, c'est *Obermann*. Son auteur est Senancour.

Naguère, je relisais la Lettre LI. Obermann écrit ceci :

« Si je vous accorde que Lavater est enthousiaste, vous m'accorderez qu'il n'est pas un radoteur. Je soutiens que de trouver le caractère et surtout les facultés des hommes dans leurs traits, c'est une conception du génie, et non pas un écart de l'imagination. Examinez la tête d'un des hommes les plus étonnants des siècles modernes. Vous le savez, en voyant son buste, j'ai deviné que c'était lui. Je n'avais nul autre indice que le rapport de ce qu'il avait fait avec ce que je voyais. Heureusement, je n'étais pas seul, et ce fait prouve en ma faveur. Au reste, nulles recherches ne sont moins susceptibles de la certitude des sciences exactes. Après des siècles, on pourra connaître assez bien le caractère, les inclinations, les moyens naturels ; mais on sera toujours enclin à l'erreur pour cette partie du caractère que les causes accidentelles modifient, sans avoir le temps ou le pouvoir d'altérer sensiblement les traits. De tous les ouvrages sur ce sujet difficile, les fragments de Lavater forment, je crois, le plus curieux. »

Il m'a semblé avantageux pour la physiognomonie de transcrire ces lignes en manière de conclusion à cet *Avant-propos*.

PREMIÈRE PARTIE

EUGÈNE LEDOS

I — L'HOMME

Il existe actuellement à Paris un physionomiste extraordinaire. C'est Eugène Ledos qui, vers les dernières années de
l'Empire, fut célèbre au point que tous les personnages mar-
quants de l'époque défilèrent un à un chez lui, qu'ils appar-
tinssent au monde de la politique officielle ou de la politique
d'opposition, de la science ou des arts. Les salons se le dispu-
taient et M. Jules Claretie, qui ne songeait pas encore à l'administration de la Comédie-Française, fut, au début de sa carrière
de journaliste, l'un de ses panégyristes.

Aujourd'hui, Eugène Ledos vit retiré, en sage, sans bruit.
Depuis trente ans, las sans doute pour avoir trop bien vu les
hommes, il se complaît dans un travail solitaire et profond. En
ce moment, avec l'assiduité patiente d'une vieillesse robuste,
admirablement saine, il travaille à un livre sur les criminels. Et
l'on sait — la Presse fit tant de bruit — qu'il publia en 1894
un gros et instructif *Traité de la Physionomie*.

Longtemps, j'ai désiré le visiter, ayant ouï souvent parler de
lui et entendu sur son compte d'étonnantes anecdotes. La première fois que je m'aventurai sur son territoire domestique, il

habitait un logis sans faste, devant les arbres de ce beau jardin qu'est le Luxembourg. Hélas! il a transporté ses pénates ailleurs, non loin de là il est vrai; et la vue toujours consolante des arbres ne lui serait point ravie si le plus triste des tombeaux ne l'obstruait. Ah! c'est que l'Odéon n'est pas un réjouissant spectacle, surtout quand on songe aux corbeaux et autres oiseaux sinistres qui s'en sont fait un repaire inviolable que le public a peur d'approcher. Mais Eugène Ledos, je l'ai dit, est un sage et il a vu tant d'épouvantables choses que celle-ci, avec ses affiches paraphées de noms qu'on n'oserait prononcer, n'a vraiment plus le pouvoir de troubler sa pensée désormais paisible.

Voici quelques mois déjà que, deux ou trois fois hebdomadairement, je rencontre chez lui ce lecteur perspicace du visage humain. Et je mets à contribution sa science, j'écoute sa parole, — qui stupéfierait bien des gens que l'on prétend instruits, — je m'initie.

L'homme est d'un abord inquiétant. Tout se fait simplement chez lui, mais tout dans son accueil est prémédité. On n'est pas tout de suite admis dans son cabinet : vous attendez quelques minutes dans une pièce voisine, où il vient lui-même vous chercher. Il vous laisse parler le premier, répond à peine; alors, il vous invite à pénétrer dans son cabinet, qu'il vous indique; il ne marche pas devant vous, il vous suit; il vous offre une chaise face à la lumière, et vous vous asseyez. Or, il a observé tout ceci : votre attitude aux premiers mots, le son et l'inflexion de votre voix, votre marche et la façon de vous asseoir; votre regard ne lui a pas échappé. Dès que vous êtes assis, vous n'êtes plus un étranger pour lui, il vous connaît; afin que vous vous livriez, c'est à son tour de parler, il vous met à l'aise. A notre première entrevue, il ne savait ni qui j'étais, ni ce que je venais faire chez lui, et il me raconta mon caractère, mes aspirations, ma vie; il me dit ce que j'étais, ce que j'avais été, ce que je serai, les dangers que j'avais à redouter, les luttes que j'aurai à soutenir. Et, comme je me connais un peu, tout cela m'a paru très vraisemblable et d'autant plus possible qu'il

Fig. 8. — Un physionomiste moderne : Eugène LEDOS.

m'avait dit du passé et du présent d'étonnantes choses. Toutefois, *il ne dit pas tout* et j'ai senti sa réserve quand il s'agit de révélations qui peuvent ou contrarier ou inquiéter; c'est à vous de saisir le sens de ses réticences. Quand on l'interroge, il répond sans équivoque, mais aussi sans brutalité. Ah! il connaît les hommes, sait comme on les trouble ou comme on les blesse facilement. Il vous examine sans insistance, sans vous gêner, de coups d'œil rapides, se détournant après un regard comme pour laisser agir sur sa pensée le travail de sa vue; d'ailleurs sa réflexion est extrêmement vive et lucide. Ses yeux fauves, clairs, mobiles et perçants, ouverts sans effort, sont d'admirables instruments d'observation. Les sensations chez lui sont d'une prodigieuse rapidité de succession ; avec ça, un don d'ordre intellectuel. Son front est celui d'un homme séduit par le merveilleux mystère des choses, mais il a le nez impérieux ; de là sa croyance religieuse dogmatique qui — il me pardonnera cette opinion franche et motivée — arrête les élans de son extraordinaire sensibilité, non pas quand il observe, mais quand il écrit et veut allier sa science à sa croyance. Je gagerais que dans son intérieur M. Ledos — à cause de son nez — est un peu tyrannique et qu'à cause de sa sensibilité pointilleuse il est susceptible. Il ne faut ni s'opposer à ses convictions, ni déranger ses habitudes, il ne doit certainement pas le supporter de la part de ceux qui sont ses familiers. J'ai voulu photographier M. Ledos chez lui et, prenant à droite et à gauche des objets de son usage, je me suis efforcé, tant par la pose que par le cadre, de donner une image explicite de cette curieuse tête intelligente et sagace qui semble être d'un astronome d'autrefois (*fig.* 8). Et j'ai exécuté de lui un second portrait que l'on verra plus loin (page 101).

II — SA MÉTHODE

Ayant montré l'homme, on saisira mieux sa méthode, parce qu'on a compris la manière dont il l'applique.

D'abord, il s'est créé, à la façon des Grecs, huit types idéaux qui correspondent chacun à un caractère à double face : la face heureuse et la face tourmentée. Naturellement, les caractères correspondants sont, comme les types, idéaux, soit en bien, soit en mal. Chaque type a ses attributs connus; par exemple, la peau blanche ou la peau brune, les yeux bleus ou noirs, une grande ou une petite taille, etc. Les attributs du type heureux et du type malheureux étant différents, il y a en vérité seize types idéaux correspondant à seize caractères idéaux : Jupiter, Saturne, Apollon ou le Soleil, Mercure, Mars, Vénus, la Lune et la Terre. Vous chercherez en vain ces types dans la vie, où tout est complexe. Dans un individu plusieurs types (deux, trois ou quatre quelquefois) se confondent.

Ajoutez à ces données premières qu'il y a cinq formes géométriques de visages (visage carré, rond, ovale, triangulaire et conoïde), chacun desquels indiquant des traits de caractère généraux. Ajoutez encore que chaque trait du visage pris isolément indique un trait particulier de caractère. Voici à peu près les opérations auxquelles se livre M. Ledos, lorsque quelqu'un se présente à son examen :

1° Il observe la personne dans son ensemble et perçoit le type dominant;

2° A quelques indices il reconnaît le ou les types qui se combinent avec le type dominant;

3° Il détermine la forme du visage;

4° Il analyse chaque trait du visage;

5° Il conclut à telles facultés ou défauts.

Il n'y a là dedans aucune astrologie. Les types, pour être idéalisés et appartenir à la Fable, n'en sont pas moins humains. Les poètes antiques les ont créés, et ils avaient, comme tous les poètes de tous les temps, le sens de la vie. Il faut admettre que M. Eugène Ledos. avec l'expérience, a su déterminer assez largement et précisément le caractère de chaque type. Alors, partant d'une donnée générale simple, il réussit par une série de modifications successives l'analyse de ce composé qui est l'individu. Avec la notion première et fondamentale du caractère idéal de chaque type, avec la connaissance de la signification de chaque forme du visage et de la signification de la forme de chaque trait du visage, cette analyse devient possible. Elle n'est tout de même pas sans difficulté. Il faut, pour y parvenir, beaucoup de sensibilité et d'intuition. Il est en tout cas nécessaire d'être doué de telle sorte que les formes aient sur vous un pouvoir émouvant. Je dirais même, pour me faire mieux comprendre encore, que c'est une science d'artiste et que des dons d'artiste y sont indispensables. Elle est complexe et profonde comme l'âme humaine; et, comme la nature, elle est claire et lumineuse dans ses signes.

« On ne fera jamais autre chose que d'imiter la nature, disait le grand sculpteur Rodin, *mais il n'y a que les artistes qui la voient.* »

C'est là une vérité éblouissante. Il n'y a peut-être que le physionomiste doué qui voie l'homme.

III — LES FORMES DU VISAGE

Eugène Ledos, dans son système physiognomonique, établit d'abord — il est vrai qu'au préalable il nous a défini les caractères des divers tempéraments, soit simples, soit composés — cinq types géométriques, c'est-à-dire cinq formes différentes du visage :

1° Le type carré (*fig.* 9 et 10),
2° Le type rond (*fig.* 11 et 12),
3°-Le type ovale (*fig.* 13 et 14),
4° Le type triangulaire (*fig.* 15 et 16),
5° Le type conoïde (*fig.* 17 et 18).

Mais il subdivise chacun de ces types en trois classes :

1° Le type franc,
2° Le type allongé,
3° Le type court.

Prenons l'exemple qu'il nous donne des variations du caractère du type carré selon qu'il est ou franc, ou court, ou allongé.

« Dans le type carré franc, dit-il, toute l'activité du sujet est exclusivement portée vers les choses positives et pratiques et vers celles qui concernent les intérêts matériels de la vie. Dans ce type, les sentiments sont positifs, raisonnés et calculés; les passions sont fortes, persistantes et arrêtées; l'individu agit par la tête, et non par le cœur.

« Le type carré long, sans être idéaliste, est cependant moins positif que le précédent. Le sujet a bien la perception des vrais intérêts de la vie, mais il est apte à y adjoindre certaines choses de l'esprit. Les sentiments chez lui procèdent de la tête, mais n'excluent pas absolument ceux du cœur. Les passions sont moins tenaces, moins arrêtées et moins absolues que dans le type précédent.

« Dans le type carré court, les inclinations sont grossières, les instincts bas et vils. Le caractère est porté à la dureté, à l'inflexibilité et à la méchanceté. Les passions sont violentes, brutales et bestiales. Le sujet est dangereux

Fig. 9. — Type carré (homme).

et redoutable à cause de ses mauvais penchants et de son inclination à la débauche, à la férocité et au crime. »

Il faut maintenant donner une description du caractère général de chacun de ces types.

TYPE CARRÉ. — C'est l'indice d'énergie, de brusquerie et d'opiniâtreté, d'un caractère inflexible parfois jusqu'à la dureté. Avec ce type on a des idées très arrêtées, on est bref et

Fig. 10. — Type carré (femme).

Fig. 11. — Type rond (homme).

cassant dans ses juge-
ments et l'on s'affirme
de parti pris.

L'intelligence est sys-
tématique, et le sens
de la vie matérielle est
très développé. Les
hommes de type carré
— illuminés par un
beau front et un regard
distingué — sont aptes
aux sciences exactes, à
la philosophie et aux
mathématiques. Ils
manquent d'imagina-
tion.

L'amour de la pro-
priété prédomine chez
eux. Quand ils ne sont pas avares, ils manquent tout au moins
de générosité.

·La tête commande le
cœur.

TYPE ROND. — Le type
rond témoigne d'initiative
et d'activité; de colère fou-
gueuse et de manque de
sang-froid. Les hommes
de ce type accomplissent
spontanément leurs pro-
jets sans les mûrir, et leur
réussite n'est sûre qu'en
tout ce qui exige de l'audace et de la promptitude
d'action. Entendement et
conception faciles. Leurs

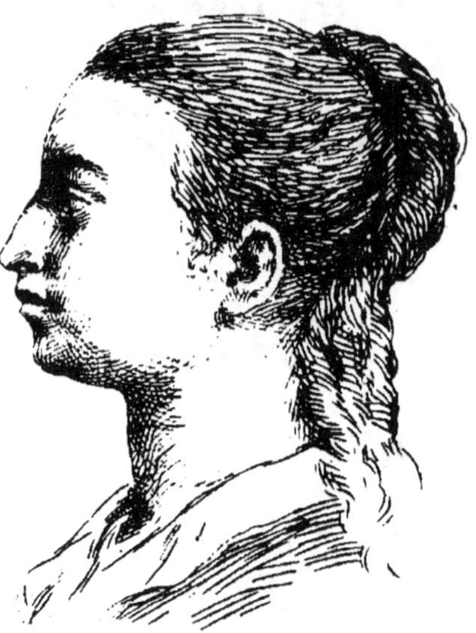

Fig. 12. — Type rond (femme).

jugements, trop précipités, sont souvent faux.

Ils n'ont pas assez de persévérance pour vaincre les obstacles, ni d'adresse pour les tourner. Ils sont imprévoyants et imprudents. Leur franchise brusque leur est préjudiciable. Ils ne supportent pas la domination. Ronds et prompts en affaires, ils renoncent à traiter avec les personnes lentes.

Tout en appréciant l'argent, ils sont capables de générosité et de prodigalité. Ils ont une tendance aux excès. Leur sensualité est développée, ils pratiquent l'amour sans toutefois en accepter les chaînes.

La vanité n'est pas le moindre de leurs défauts.

Fig. 13. — Type ovale (homme).

Fig. 14. — Type ovale (femme).

TYPE OVALE. — Les individus à type ovale sont mobiles et excessivement impressionnables. Leurs idées, leurs désirs et leurs goûts sont changeants. Capricieux. Imagination insatiable. Quoique avec des airs d'énergie, ils sont très faibles de caractère. Pas de ténacité, point de per-

Fig. 15. — Type triangulaire (femme).

idéalistes, spiritualistes, inspirés, crédules et manquent d'ordre, n'entendent rien au positivisme de la vie. Aucune aptitude pour les affaires.

Prometteurs, ils ne tiennent pas leurs engagements.

TYPE TRIANGULAIRE. — Le type triangulaire est l'indice d'un caractère bizarre et fantasque, d'une énergie capricieuse qui se montre par saccades. Ce type semble être un compromis entre le carré et l'ovale. Avec un visage triangulaire on agit plutôt

sévérance. Pourtant, il est assez difficile de les conduire, car ils ont de l'entêtement et de la résistance. Ils échappent à la domination qu'on veut leur imposer, en affectant de la subir.

Timides et inconstants. Rusés et quelquefois menteurs. Ils se lient sans fortement s'attacher. Ils ont plus de jouissance par l'idée que par les sens, et ils aiment les aventures amoureuses.

Ils sont rêveurs, enthousiastes, intuitifs,

Fig. 16. — Type triangulaire (homme).

sous l'impulsion du coup de tête que sous l'empire de la réflexion. « Le calme et la patience qui président à la conception de leurs desseins, dit Eugène Ledos, contrastent singulièrement avec la brouillonnerie qu'ils apportent à l'exécution. Ils ont de la prudence, de la ruse, sont très menteurs, habiles à fabriquer des fables et adroits conteurs. Doués de l'esprit de saillie, ils ont la repartie vive ; sont moqueurs, gouailleurs, taquins et facétieux ; mais leur gaieté est superficielle et trompeuse. »

Les triangulaires ont des aspirations religieuses et des tendances matérialistes. Ce sont des combatifs acharnés dans leurs doctrines. Leur imagination excède de beaucoup leur bon sens, « bien qu'à les entendre raisonner on puisse croire le contraire ».

Perspicacité, pénétration et activité fiévreuse. « Leur intelligence mixte réunit des aptitudes et des facultés diverses et contradictoires ; ainsi, chez eux, le sentiment de la poésie et des arts s'allie au goût de la philosophie ; aussi sont-ils rêveurs et penseurs, idéalistes et réalistes. »

Toute discipline leur est insupportable. Ils sont joueurs. Plus hardis et plus habiles qu'heureux dans leurs entreprises, ils s'enrichissent avec peine et ils ne conservent pas leur fortune. Dans l'intimité, difficiles à vivre, irritables ; ombrageux et tyranniques en affections, l'amour n'est pour eux qu'une cause de peines. Ils aiment les voyages et sont aventureux. Leur goût de la critique et de la raillerie leur fait beaucoup d'ennemis. Prompts à l'injure, agressifs, duellistes.

Les hommes de cette espèce doivent vivre indépendants et, si le commerce les séduit, qu'ils évitent les associations.

TYPE CONOÏDE. — Voici les traits du caractère de ce type : sens pratique excessivement développé ; intelligence étroite ne franchissant point la sphère du positif et du connu ; vanité, suffisance, amour-propre de l'homme qui s'écoute parler, du poseur important ; sous de la bonhomie apparente, beaucoup de finesse, de ruse et de diplomatie ; poltronnerie et amour de la vie.

« Les conoïdes sont conservateurs, autoritaires, calculateurs

Fig. 17. — Type conoïde (femme).

et exploiteurs. En dehors de l'initiative et de l'activité des affaires, ils sont indolents, apathiques, amateurs du repos, faibles de caractère et irrésolus. Toute innovation les déroute et leur fait peur, car ils désirent par-dessus tout jouir de la vie avec une insouciante quiétude. Chez eux, l'égoïsme est déguisé sous des apparences de philanthropie. »

Ils tiennent à être considérés, sont joviaux, sociables, aiment le monde et ses plaisirs. Pères faibles, quoique grondeurs. Amoureux du confortable, de la bonne chère ; gourmets, parfois gourmands. L'amour sensuel est de leur goût, à condition qu'ils n'aient point à en redouter de chagrin. Adorateurs du Veau d'or. La chance les sert, ils s'enrichissent fréquemment. « Ils sont habiles administrateurs et leur organisation individuelle les rend propres aux affaires de gérance, de banque et finance. »

Pour juger de la forme d'un visage et lui assigner un type, on regarde le visage de face. Mais les contours, c'est-à-dire le visage vu de profil, ont aussi leur importance.

Contours carrés : énergie, fermeté, inflexibilité, stabilité dans la volonté, opiniâtreté, positivisme et calcul.

Contours anguleux : dureté, égoïsme, insensibilité ; quelquefois aussi méchanceté, raideur, tyrannie, inexorabilité ; mais toujours persévérance excessive, ambition et amour de l'argent.

Contours noueux : fougue, pétulance, colère et brusquerie ; véhémence des passions, bizarrerie, activité dévorante, témérité, audace, courage dans l'action et défaut de modération.

Fig. 18. — Type conoïde (homme).

Contours pointus : finesse, ruse, dissimulation, mensonge, hypocrisie, irritabilité, mobilité, initiative, inspiration.

Contours ronds et souples : bonhomie, douceur, indécision, franchise, droiture, bonté, faiblesse du cœur, sensualité, peu de tact, négligence, gourmandise, passions promptes sans profondeur, colères passagères.

Contours mous : caractère et volonté excessivement faibles ; nature passive, apathique et paresseuse ; sentiments émoussés, absence d'énergie vitale, inertie des passions, sauf pour la sensualité de l'estomac.

IV — DES TYPES PLANÉTAIRES

Étudions maintenant, toujours sous la direction d'Eugène Ledos, les différents types planétaires, leurs caractères moraux, leurs aspects physiques. Planétaire, je le redis, n'a pas ici un sens astrologique. Les Grecs, dans leur belle entente de l'humanité, avec leur esprit à la fois d'observation et d'idéalisme, ont personnifié leurs dieux ; et ils furent bien obligés de les personnifier puisqu'ils les spécialisaient, puisqu'ils les individualisaient. L'Olympe n'est autre chose que notre monde idéalisé. Chaque dieu avait son caractère et sa beauté. Les Grecs ne pouvant concevoir un caractère particulier sans aussitôt le recouvrir d'une forme particulière, visible aux sens et significative, nous ferons comme eux.

Il ne s'agit donc pas de l'influence des astres.

Apollon ou le Soleil.

TYPE HEUREUX. *Son signalement.* — Visage noble, calme et bien proportionné. Physionomie grave, majestueuse et impassible.

Le front est arqué, la peau en est souple et sans rides permanentes. Le sommet du front se dégarnit prématurément. L'œil, doux et sévère, est grand sans excès ; la prunelle en est fauve, claire et comme striée d'or ; les paupières, peu épaisses, sont frangées de longs cils. Le regard, dominateur et fascinateur, est fixe, sans être blessant.

Nez aquilin, ni trop saillant, ni trop long. Bouche moyenne, lèvres fermes, peu épaisses et colorées. Menton arrondi, un peu saillant. La coupe du visage est ovale.

Teint pâle. Tête droite, sans raideur. Cheveux longs, doux, fins, d'un blond roux, avec des fils d'or. Cou long sans maigreur. Corps élégant, sans poil, cambré aux reins. Barbe peu fournie, frisée.

Gestes calmes, marche majestueuse, sans pose. Point d'obséquiosité.

Son caractère. — L'Apollonien est grave, sérieux, d'âme fière et grande. Il est équitable, résolu, magnanime, courageux sans témérité, sincère, incorruptible, maître de soi-même. Sa politesse est digne et réservée. Contient ses colères, est fidèle aux principes et respectueux des hiérarchies. Il est religieux. Aime à protéger, conserve ses amitiés sans être communicatif. Ne prend conseil que de lui-même ; il est discret en ce qui concerne ses propres pensées. Il est désireux d'honneurs et de dignités, mais son ambition est noble. Généreux sans prodigalité. Il garde le souvenir des offenses, sans toutefois s'en venger. Hommes du destin, ou se croyant tels, ils sont fatalistes et ne désespèrent jamais de la fortune.

« Il est dans leur destinée, dit Ledos, d'acquérir de la célébrité, de pouvoir s'élever aux plus grands honneurs, voire à la puissance suprême, lors même qu'ils seraient nés dans une condition inférieure. Ils sont aussi sujets à d'étranges mutations de fortune et leur étonnante ascension est le plus souvent suivie d'une chute extraordinaire et retentissante. »

Les fils du Soleil, si simples dans leur vie privée, aiment dans le monde à se parer et à paraître avec prestige. Toujours sobres. Ils ont l'intelligence vaste et ne sont jamais des spécialistes.

« Ils sont fort malheureux en amour, en amis, en femmes et en enfants. »

TYPE MALHEUREUX. *Son signalement.* — Front proéminent en sa partie supérieure, et soucieux ; sourcils arqués et froncés ; des yeux enfoncés, secs et qui scintillent ; prunelle dilatée, fauve ou verdâtre. Regard assuré et hautain, ayant quelque chose d'étrange qui trouble ou qui fascine. Le nez est grand et saillant, recourbé en forme de bec d'aigle. La bouche est fermée et serrée, avec des coins abaissés ; lèvres plates et minces. Le menton est grand, ferme et saillant. Teint pâle ou olivâtre. Cheveux plats et tirant au roux.

La voix est brève et impérieuse. L'allure est ferme et altière ; il marche tête haute et à pas comptés.

Son caractère. — Le type malheureux du Soleil a soin de sa personne, il a le goût des bijoux, des pierreries et des choses luxueuses ; il affecte cependant de ne s'en point parer. La mise est originale. Il aime la représentation, se plaît dans les palais somptueux. Il a horreur de l'obscurité. Sa gravité est soucieuse et inquiète. Irascible, orgueilleux, autoritaire, impérieux, résolu.

Volonté ferme et absolue : il brise ceux qui lui résistent. Ambition insatiable qui le porte au despotisme, à la tyrannie, à l'injustice. Peu clément. Peu sensible à l'amour, en tout cas, n'est pas subjugué par lui.

Peu d'attachement pour la famille et les amis, mais protecteur par orgueil. Aime la louange et l'approbation sans le montrer, mais ne sait ni louer, ni approuver les autres. Ses projets sont secrets. Dans l'intimité est taciturne, absorbé ; discoureur en public. Langage imagé et pompeux.

L'orgueil, chez l'Apollonien, va parfois jusqu'à la folie. Alors, il se croit dieu et oserait se faire adorer. Le moins favorisé de la fortune se croit un génie méconnu et — toujours l'orgueil — souffre l'adversité avec orgueil.

Mercure.

Type heureux. *Son signalement.* — Taille au-dessus de la moyenne. Corps svelte et bien fait, fines attaches ; un peu féminin par sa grâce. Les reins sont cambrés. Ce type est remarquable par l'extrême souplesse de toutes les parties du corps, par son adresse, son agilité et l'habileté de ses mains. Vue aiguë et sens subtils. Physionomie agréable, expressive. Il a le don de conserver quelquefois jusqu'à un âge avancé un air de jeunesse. La face est ovale et longue ; le front élevé, connexe, bien voûté ; les sourcils, peu arqués, peu fournis, sont rapprochés des yeux. Les yeux sont beaux, expressifs, un peu enfoncés, bruns, vifs, scintillants, mobiles. Paupière supérieure peu apparente. Regard inconstant, inquisiteur, très pénétrant.

Nez assez long, droit ou un peu courbé, légèrement pointu du bout ; narines étroites. Bouche souple, déliée, mouvementée, un peu relevée des coins. Lèvres fines, un peu arrondies. Le menton, moyen, est anguleux ; mâchoires fines. Le teint est très varié, mais généralement d'une pâleur jaunâtre. Les cheveux, châtains ou brunâtres, sont fins, souples, parfois frisés. Le cou est long et fin.

Le système nerveux domine chez le Mercurien. Il marche vite et légèrement. Il parle vite et d'abondance, sa voix a un accent de gaieté et d'amabilité.

Son caractère. — Douceur accompagnée de grâce et de politesse. Des élans de gaieté charmante. L'emportement est vif et l'apaisement immédiat. Remarquable par son tact, le Mercurien raille avec esprit et finesse, sans blesser. Il a l'esprit d'à-propos, la répartie prompte et spirituelle. Une initiative d'intuition et d'inspiration. En amour, sobre, modéré, réservé.

Grande activité cérébrale, esprit chercheur et investigateur. Intelligence vive, profonde, pénétrante ; pensée rapide. Perspicace, habile diplomate, fin et rusé au besoin. Invention et imagination inépuisable. L'inconnu le préoccupe et l'inquiète.

Dans la conversation, passe facilement d'un sujet à un autre. Dans la discussion, jamais à court d'arguments. C'est un conteur charmant, mais porté à dénaturer, à amplifier, à travestir. Menteur à l'occasion. Pour se tirer d'embarras, les expédients ne lui font pas défaut ; il sait avec une habileté et une adresse merveilleuses sortir des plus mauvaises situations.

Il est naturellement éloquent et ses aptitudes sont très diverses. Assimilation et mémoire universelles. Quand il n'est pas inventif, il excelle dans l'imitation. Il devine les choses plus qu'il ne les apprend.

La divergence de ses facultés l'empêche souvent de se fixer et de se spécialiser dans une carrière. Il est indépendant, indiscipliné, insoumis, réfractaire à la domination dont il sait s'affranchir habilement, sans lutte. Il a l'instinct divinateur, le don de pénétrer dans les consciences, de connaître les pensées d'autrui.

Le Mercurien est supérieur dans la mimique. Les exercices de souplesse et d'adresse, comme l'escrime et la prestidigitation, sont de son goût.

TYPE MALHEUREUX. *Son signalement.* — Le type malheureux a quelque chose de grimaçant, il est la caricature de l'autre. Sourcils conjoints et crispés ; petits yeux vipérins, très enfoncés, mobiles, étincelants, aux regards obliques. Le nez, qui avance, est pointu ; la bouche, aux lèvres minces, grimace un perpétuel sourire. Teint blême.

Son caractère. — Les mauvais Mercuriens sont inconstants, astucieux et duplices. « Perfides, trompeurs et menteurs effrontés, ils font tout le contraire de ce qu'ils disent et ne tiennent jamais leurs promesses. Hypocrites, envieux, calomniateurs, tendeurs d'embûches, ils s'ingénient à nuire aux autres, voire même à leurs bienfaiteurs et à leurs amis. » Bavards, vaniteux, fanfarons, poltrons. Railleurs, méchants et insolents.

C'est dans ce type qu'on rencontre les voleurs adroits, les faussaires expérimentés.

Vénus.

Type heureux. *Son signalement.* — Visage rond et agréable ; joues assez grasses ; beau front uni et calme, généralement peu développé en hauteur ; tempes arrondies sans être proéminentes. Les sourcils, assez éloignés des yeux, sont modérément arqués, correctement dessinés et contournent toute l'arcade sourcilière, qui est peu saillante. Beaux grands yeux, clairs, humides, bruns, vifs, presque à fleur de tête, ornés de longs cils ; prunelles dilatées. Regard doux, aimable, surtout voluptueux et langoureux. Les paupières sont rondes, épaisses. Le nez droit, élégant, arrondi du bout, aux narines rondes, assez grasses et dilatées. La bouche, sinueuse, aux coins un peu relevés, est doucement fermée ; les lèvres en sont épaisses, lisses et rouges, l'inférieure débordante et séparée en son milieu. Le menton assez long est gras, peu saillant, orné d'une fossette. Les os de la face ne paraissent nulle part.

Le teint est blanc, rosé ; la peau est fine et transparente ; les cheveux abondants, souples. La tête un peu inclinée sur l'épaule. Hanches larges et saillantes. La voix est douce, tendre, voluptueuse, un peu molle. La démarche est aisée. « Leur marche semble un pas de danse. » Les mouvements sont un peu nonchalants et comme lascifs. Les hommes ont des allures effémi-

nées ; les gestes de leurs mains surtout affectent des poses féminines.

Son caractère. — Expansif, démonstratif, communicatif, d'un
abord facile. Aimable, doux, d'humeur égale. Humain, sensible,
tendre, affectueux, caressant, miséricordieux. Le rire et les
larmes faciles. Générosité, prodigalité. Absence de haine et
d'envie.

Le Vénusien tient à la vie, appréhende la mort. Remarquablement chanceux, la fortune semble se plaire à le combler de ses
dons ; ses succès sont généralement bien supérieurs à ses mérites.
Sans souci du lendemain, il est léger, badin, optimiste, voit tout
en rose. Franc et fidèle en amitié, il est inconstant et rusé en
amour. Il est vaniteux, il est prometteur, il préfère le brillant au
solide, aime le luxe, les ornements, la toilette.

Son intelligence, assez vive, a plus d'éclat que de profondeur.
Il a souvent du talent, rarement du génie, mais il a le don de
charmer, de séduire et d'attendrir. Il est célèbre comme musicien
ou auteur dramatique. Il est, avant tout, accessible aux beautés
de la forme. Il aime la danse où il excelle, — avec plus de
mollesse et de sensibilité que le Mercurien, — et chante fréquemment d'une façon agréable.

Le type de Vénus porte à être facilement trompé, à être dupe,
et une dupe incorrigible.

Signalement de la Vénusienne. — « Les Vénusiennes, dit
Eugène Ledos, ont un visage d'un rond allongé qui s'approche
de l'ovale, et qui a la régularité du galbe grec. Leur physionomie
est empreinte d'une grâce infinie. Leur front est régulièrement
encadré par une chevelure abondante, fine, souple, soyeuse et
d'un blond roussâtre. Leurs beaux yeux bleus fendus en amande,
veloutés, doux et caressants, ont une volupté décente qui charme
et fascine. Leur bouche, aux lèvres roses, a un sourire aimable
et gracieux, plein d'un charme séducteur. Leur nez, d'un dessin
correct et élégant, est finement arrondi à son extrémité ; les
narines en sont gracieusement ouvertes. Leur menton, rond et
un peu fossu, est remarquablement élégant. Leur peau, extrême-

ment fine, douce et satinée, est d'une blancheur de lis éblouissante ; et leurs joues sont colorées d'une charmante rougeur.
Leur cou, leurs épaules et leur poitrine, admirablement conformés
et bien dessinés, sont d'une blancheur immaculée. Et leurs seins,
superbes, sont développés sans excès. Elles ont la poitrine en
avant, comme les colombes.

« Leurs hanches sont larges, belles et parfaitement proportionnées ; les reins sont cambrés avec grâce. Leurs membres, aux
fines attaches, sont d'un dessin très correct et plein d'élégance.
Elles ont dans tout leur être un rayon de grâce, de séduction et
de bonheur, et, dans leur démarche, une allure de déesse qui
ravit et fascine. »

Qui donc n'aimerait pas une telle femme ?

. TYPE MALHEUREUX. *Son signalement.* — Front court et assez
plat ; cheveux noirs et gras ; sourcils noirs, épais, joints et
obliques, remontant vers les tempes. L'œil est cerné, noir ou
pers, d'un rouge jaunâtre, très brillant ; un regard impudent de
convoitise lubrique. Paupières épaisses et plissées. Nez grand,
assez saillant, un peu courbé ; narines grosses et palpitantes ;
bouche assez large, aux lèvres fortes, d'un rouge sanguin ; l'inférieure plus saillante et souvent plus charnue d'un côté que
de l'autre. Voix éraillée.

Les femmes du type malheureux de Vénus ont une luxuriante
chevelure brune aux reflets roux, des sourcils bruns en arc ;
des yeux noirs, brillants, à la prunelle très dilatée, pleins d'un
attrait fatal, lascifs, troublants, bistrés près du nez ; leur regard
voluptueux est tour à tour voluptueux et étincelant de désirs ;
la bouche est en cœur et mi-close, aux lèvres épaisses, charnues,
saillantes, rouges, avec un léger duvet sur la supérieure. Leur
langue se montre souvent aux bords des lèvres en semblant les
caresser. En marchant, elles ont un balancement des hanches
non sans grâce. Mignardes, coquettes, agaçantes, perfides, elles
affectent, sans paraître y prendre garde, des poses lascives.
Leur voix, affectée et flexible, est tantôt languissante et mielleuse,
tantôt vive, ardente et passionnée.

Son caractère. — Lâcheté, paresse et lubricité. Sacrifiant tout aux plaisirs sensuels. Dans la lubricité, les Vénusiennes de cet ordre sont particulièrement raffinées, jamais satisfaites. Hommes et femmes ont en amour des commerces contre nature.

Les femmes sont des charmeuses fatales et redoutables ; elles ont un pouvoir de consomption. Malheur aux faibles qui tombent dans leurs filets et subissent leur charme séducteur !

La Lune.

TYPE HEUREUX. *Son signalement.* — Tête ronde aux pariétaux larges et proéminents ; visage rond et juvénile ; front saillant, qui, du haut, s'incline un peu en arrière et dont l'arc est plus développé en largeur qu'en hauteur. Sourcils peu éloignés des yeux, doucement arqués, blonds, fins, peu fournis. Œil humide, d'un gris bleu voilé, assez saillant et rond. Regard calme, doux, rêveur, vague, ne fixant rien. Nez court, un peu creusé en son milieu, très rond du bout. Bouche petite, à peine fermée, avec des lèvres très fortes, très rondes, d'un rouge pâle. Menton rond, point saillant ; cheveux d'un blond cendré, fins, souples, peu épais. Teint blanc et pâle. — Les lunatiques sont féminins.

Les femmes ont un air de douceur et de mélancolie, de beaux yeux bleus, le nez petit, le regard chaste mais pénétrant, la tête inclinée vers l'épaule ; les seins, haut placés, sont petits, fermes, charmants.

Les lunatiques, hommes ou femmes, sont souvent myopes.

Son caractère. — Impressionnable, mobile, indécis, timide, sans initiative et sans confiance en soi. Le lunatique s'alarme de tout et, sans cesse, est agité par d'imaginaires inquiétudes. L'imagination est active et se complaît dans de vagues et mélancoliques rêveries. Ils vont de la crainte à l'espérance, ont horreur de la lutte, de la peine, de la fatigue et sont résignés. Peureux. Pourtant, ils aiment à se trouver seuls au milieu des bois et des forêts, à se promener au bord des lacs et des étangs. Le spectre de la lune leur est cher, elle les inspire.

Leur intelligence est féconde. Religieux par nature. Intuitifs. En littérature, ils sont romantiques, d'un romantisme sentimental. Trop peu confiants en eux pour être orateurs, ils écrivent mieux qu'ils ne parlent. Sensuels par l'imagination.

Les femmes lunatiques sont très dévouées en affection, froides des sens, mais caressantes, voluptueuses par l'imagination, et leurs amours sont imaginaires. « On trouve parmi elles des Égéries qui ont le don d'exercer un pouvoir étrange sur de grands hommes. »

TYPE MALHEUREUX. *Son signalement.* — Visage rond, large, glabre. Sourcils conjoints mal dessinés. Gros yeux ronds, saillants, aux paupières épaisses peu fournies de cils. Le regard endormi, froid, s'anime par instants. Nez court, creusé en son milieu, gros et rond du bout. Lèvres épaisses, peu colorées. Menton rond, large, un peu en arrière. Teint d'un blanc mat. Mouvements maladroits, démarche incertaine. Souvent myopes, quelquefois louches.

Son caractère. — Bizarres, fantasques, paresseux, lâches, égoïstes. Taciturnes en général, avec des accès de loquacité. Les lunatiques malheureux ont l'opiniâtreté passive. Ils sont hypocrites, menteurs, médisants, artificieux, insinuants, souples, rampants, d'une sournoiserie extrême. Il est dangereux de s'attaquer à eux, ils sont plus à craindre qu'ils n'en ont l'air.

Les femmes sont doucereuses, nonchalantes, indolentes, avec des gestes caressants, des manières câlines et enfantines, des minauderies de chattes. Elles sont pleureuses et sujettes aux crises de nerfs. Elles sont inconsciemment menteuses, — le mensonge de l'hystérie. Astucieuses et comédiennes, affectant une pudeur hypócrite. Elles se donnent facilement et trompent celui qu'elles aiment, sans le vouloir, tout en l'aimant toujours.

Les Vénusiennes fatales ont un pouvoir de consomption. Beaucoup de lunatiques sont également fatales, mais d'autre manière : elles absorbent; sous leur empire, l'homme déchoit dans une langueur mélancolique qui peut le conduire au suicide.

La Terre.

TYPE HEUREUX. *Son signalement.* — Face carrée aux traits anguleux. Front plus développé en largeur qu'en hauteur. Sourcils horizontaux, larges, noirs, durs et épais, crispés et rapprochés des yeux ; l'arcade sourcilière large et saillante. Les yeux enfoncés et très brillants, aux prunelles roussâtres, ont le regard rude et assuré. Nez droit, assez court, à épine large. Bouche sérieuse, fermée, serrée, plissée aux coins ; maxillaires prononcés. Teint terreux. Voix sourde, rude. Cou large et court, épaules carrées, membres massifs, articulations grosses. Démarche lourde.

Les Terriennes ont les traits prononcés et bien dessinés, des sourcils marqués ; des yeux noirs, vifs ; le regard point timide ; le nez droit, au bout ferme et arrondi ; le teint brun ; la bouche forte ; de beaux cheveux noirs ; le menton point fuyant. Le cou est assez court ; la tête solide, droite, sur des épaules charnues ; la poitrine large avec des seins arrondis ; une taille forte, mais bien prise. Elles ont une beauté masculine, et leur port a quelque chose de massif et de majestueux. Les femmes de Michel-Ange ont presque toutes le type terrien.

Son caractère. — Brusquerie dans les manières, peu de souci des formes et des convenances du monde. Le Terrien, sans le vouloir, blesse et offense ; il est maladroit quand il s'essaye à être gracieux. Il est de mauvaise humeur souvent, ne comprend rien à la délicatesse des sentiments, pas plus qu'aux tendresses du cœur. Il a pourtant un fonds de sensibilité qui ne se manifeste pas au dehors. Il est sédentaire, attaché aux lieux, au foyer, à la patrie. Patient au travail, tenace dans ses entreprises, il agit plus qu'il ne parle. Colères d'autant plus terribles qu'elles couvent. Sans être avare, ne sait pas donner. Il aime la vie champêtre. Ses appétits sensuels sont matériels. Il a en amour des goûts vulgaires, épouse sa domestique ou une femme de basse condition. Ni enthousiasme, ni inspiration, ni intuition.

Du bon sens, mais imagination pauvre. Esprit observateur. Il a la perception des intérêts matériels de la vie.

Expérimentaliste en science, réaliste en art.

La Terrienne est femme habile, intelligente, ferme, imposante. Elle commande avec plaisir et n'obéit qu'à regret. Elle jalouse l'homme et envie son sexe. Fière, hautaine et méprisante avec les femmes. Elle a des sens avides. Bonne ménagère, économe. Bonne mère, quoique corrigeant sévèrement ses enfants. Courageuse, travailleuse, dévouée à sa famille et attachée à son intérieur.

Elle est apte aux affaires et peut ainsi diriger certaines entreprises.

Type malheureux. *Son signalement.* — Grosse tête enfoncée dans les épaules; crâne bas, le front ridé; les sourcils en désordre, épais, tombant sur de petits yeux glauques, très creux, sombres et fixement farouches. Les paupières inférieures, gonflées, en forme de poche; la bouche serrée et grimaçante. Nez court et plat. Mâchoires épaisses, carrées. La partie inférieure du visage en avant. Ils sont forts et musculeux.

Les Terriennes maléfiques ont de petits yeux ronds, rouges et verts, enfoncés, regardant en dessous; un petit nez camard; une bouche mauvaise, droite; un menton anguleux; des cheveux d'un noir sale; le teint livide; des épaules maigres et hautes; des seins plissés; le dos voûté; des hanches osseuses; une démarche lente, traînante.

Son caractère. — Mélancolique, sournois, jaloux, envieux. Ses passions, violentes et concentrées, sont terribles dans leurs manifestations. Haineux, vindicatif, bestial, violent dans l'assouvissement de ses désirs. Il a une ruse grossière. Sa colère est sourde, sauvage, dévastatrice et parfois homicide.

Les Terriennes de ce genre sont dures, impitoyables, bien qu'affectant, pour tromper les autres, une fausse sensibilité; elles feignent des larmes de pitié. Bassement solliciteuses. Hypocrites consommées; perversité naturelle et précoce. Elles mettent le trouble dans les ménages. Médisance.

Beaucoup de mendiantes geignardes, d'une saleté sordide, ont ce caractère faux. Elles sont voleuses d'enfants, entremetteuses, avorteuses et sont capables des plus viles actions pour assouvir leur passion de l'argent.

Les hommes et les femmes appartenant au type malheureux de la Terre peuplent les prisons et les bagnes.

Mars.

TYPE HEUREUX. *Son signalement.* — Tête assez petite, occiput saillant; face ronde et musclée; front haut, cintré, un peu penché en arrière au sommet; tempes larges; sourcils arqués, épais, rudes, se fronçant facilement; des yeux très ouverts, étincelants et vifs, au regard fixe, ferme, audacieux, dur, terrible, fascinateur. Les joues sont musclées et les pommettes saillantes. Le nez en bec d'aigle, aux narines ouvertes et dilatées. La bouche, bien fendue et dédaigneuse, est arquée et abaissée aux coins. Le menton carré saille en avant. Teint rouge brûlé. Cheveux épais, durs et, le plus souvent, frisés ou crépus, roux ou d'un blond très ardent. Constitution vigoureuse. Cou musclé et court. Épaules larges, carrées. Poitrine en avant. Reins cambrés. Voix forte, rude, vibrante, orgueilleuse. Tête haute et menaçante, allures insolentes : il y a dans tout l'individu quelque chose qui imprime la crainte ou la terreur.

Son caractère. — Énergie, audace, témérité. Volonté inébranlable, courage indomptable et héroïque. Mépris de la vie, intrépidité devant la mort. Ils bravent les plus grands dangers et, pour la gloire, sacrifient leur vie. Les Martiaux sont grands, généreux, magnanimes. Fiers et orgueilleux, ne baissent point la tête, même pour honorer leurs supérieurs. Ils sont violents, pétulants, dominateurs, imposent leurs opinions en parlant très haut, s'irritent dans la contradiction.

Ils sont imprévoyants et insoucieux du lendemain. Colères promptes et terribles. Intolérance, fanatisme, mais, également, chevalerie et protection des faibles. Franchise brutale et blessante. Ils font tout avec passion, le bien et le mal. Ils ont le don d'imposer le respect et la crainte de leur personne. Justes, mais impitoyables dans la répression. D'esprit guerrier, ils combattent l'ennemi avec héroïsme et énergie, mais ne le frappent pas s'il est vaincu. Enclins aux plaisirs de l'amour, ils sont hardis auprès des femmes et savent s'en faire aimer. Ne pardonnent pas l'adultère. Joueurs passionnés.

« Ils éprouvent malgré eux une secrète satisfaction à la pensée ou à la vue des catastrophes et des désastres qui arrivent et de toutes les calamités publiques. »

Ils meurent le plus souvent violemment.

TYPE MALHEUREUX. *Son signalement.* — Face ronde, courte, large ; front bas, en arrière ; sourcils durs et drus sur des yeux de chat sauvage ; affreux regard farouche et menaçant qui épie, dirait-on, le moment d'attaquer ; nez court, large, carré du bout ; grande bouche grinçante, sans lèvres. Teint rouge, cheveux rouges ou d'un brun roussi. Voix rauque. Très larges épaules. Marche à grands pas, poings fermés, en balançant les épaules et en jetant à droite et à gauche des regards furieux, insolents et provocateurs.

Son caractère. — Les mauvais Martiaux sont criards, querelleurs, injurieux. Joueurs enragés, ils volent, trichent ou rouent de coups leurs adversaires heureux. Excitateurs, féroces et redoutables. Inhumains et meurtriers par nature. Buveurs et mangeurs excessifs. Piliers de cafés, de cabarets, de tripots dont ils sont la terreur. Obscènes en paroles autant qu'en actes, ils sont débauchés et vils.

On les rencontre en masse parmi les souteneurs de filles soumises. Parfois, ce sont des démagogues célèbres, idoles du peuple qu'ils poussent à la révolte. Ils ne peuvent supporter qui est au-dessus d'eux. Ils ont une grande confiance dans leur audace, dans leur force brutale, dans la terreur qu'ils inspirent, et ils se moquent de la justice des hommes. Pourtant, ils finissent toujours mal.

Jupiter.

TYPE HEUREUX. *Son signalement.* — Crâne bien proportionné et bien voûté, élevé en la partie sincipitale ; la face grande, large et charnue, d'un carré allongé ; beau front haut et large sans excès ; sur le frontal deux éminences ou bosses ; le sourcilier prononcé ; sourcils modérément éloignés des yeux, fournis, légèrement arqués, calmes ; grands yeux, beaux, riants, humides, bien ouverts, modérément saillants ; prunelle large, bleue ou grise ; paupières épaisses ; regard droit et ouvert, ferme et bienveillant ; nez moyen, droit, charnu ; joues fermes, charnues ; bouche close sans dureté, assez grande, avec des lèvres fortes et vermeilles ; menton rond, à fossette. Teint blanc ; cheveux châtains, souples, épais, bouclés ; barbe touffue, frisée ou crépue. Chauves de bonne heure. Visage heureux. Embonpoint précoce. Voix grave et aimable.

Son caractère. — Esprit sain, réfléchi, judicieux. Gravité, mansuétude, bienveillance. Autorité paternelle. Le Jupitérien parle avec sagesse, d'abondance, avec sentiment, sans préparer ses discours. Besoin d'expansion. Rire franc, épanoui ; bonne humeur et sociabilité. Malgré sa gravité, aime les histoires plaisantes. Optimiste et confiant, il ne désespère jamais. Il a l'instinct de conservation à un haut degré ; mais, ne pensant point à la mort, il ne la craint pas. La destruction l'épouvante. Le Jupitérien est moraliste et voluptueux, mais il est modéré dans ses plaisirs ; il a soin de sa santé. Juste et clément ; sincère, intègre, incorruptible, observateur des lois, des mœurs, des usages, des conventions. Oh ! ce n'est point un révolutionnaire.

Affable et poli avec les inférieurs autant qu'avec les grands il est respectueux. Très courtois envers les femmes.

Dévoué, il aide ses amis à parvenir. Il est protecteur, philanthrope et charitable ; il est religieux et familial, faible avec ses enfants. Il est bon mari, mais mari indépendant. Il aime la

table, les assemblées où les présidences lui sont réservées. Il
est essentiellement conservateur, a le respect des choses établies,
il est conciliant. Il veut être considéré, a l'ambition des honneurs
et aspire au pouvoir.

La fortune lui sourit, les succès l'appellent. Il est apte aux
sciences morales et politiques, à la jurisprudence, à l'admini-
tration des affaires publiques. Un grand nombre sont appelés
à l'état ecclésiastique et s'élèvent aux plus hautes dignités
sacerdotales.

TYPE MALHEUREUX. *Son signalement.* — Gros yeux vifs à fleur
de tête, d'un bleu de faïence ou d'un gris d'acier; des paupières
larges, en coques de noix; un regard éveillé, sensuel et malin.
La bouche est grande, les joues sont grasses; le menton double,
épais, fossu. Teint blanc et couperosé souvent.

Son caractère. — Le mauvais Jupitérien est sensuel, amateur
de plaisirs et de voluptés. Il parle haut, avec entrain et facilité
et plus qu'il ne pense. Il est facétieux et rit bruyamment.
Méprisant, orgueilleux, poseur. Avide d'argent; mais, pour satisfaire ses goûts, il est prodigue et dépensier, et ne fait le bien
que par ostentation. Il aime le faste, le théâtre, le restaurant à
la mode, les courtisanes. Mauvais mari, infidèle et coureur
d'aventures. Ses amis sont des amis de plaisir. Il est flatteur et
plat avec les puissants, il convoite les honneurs et les richesses.
Il se plaît dans le tourbillon des grandes affaires; spéculateur
rusé, malhonnête et chanceux; exploiteur. Vantard et poltron,
lâche même, acceptant l'affront et l'injure.

Beaucoup de gros financiers, de riches banquiers dont la fortune est faite de la ruine préméditée des petites bourses naïves
appartiennent à ce type. On y trouve aussi des magistrats indi-
gnes et corrompus, prêts à toutes les besognes.

Saturne.

TYPE HEUREUX. *Son signalement.* — Tête longue et carrée ; front carré, osseux, élargi dans sa partie supérieure ; arcade sourcilière saillante ; yeux noirs ou d'un noir verdâtre ; paupière inférieure épaisse. Le regard est sévère, concentré, méditatif et très perçant quand il se fixe ou dans l'animation du discours. Grand nez osseux, saillant, courbé, aminci du bout ; narines longues, épaisses, cartilagineuses. Bouche droite et serrée, abaissée aux coins ; le menton, saillant, est plus large que long. Pommettes osseuses et accentuées ; mâchoire inférieure forte, sans excès. Teint pâle ou citrin. Cheveux noirs et durs. Épaules sans beaucoup de largeur. Dos voûté, reins droits. Membres osseux.

Le Saturnien est maigre, avec de gros os, des articulations fortes, des extrémités grandes. La peau est d'un brun jaune, sèche, velue. Il est souvent de haute stature.

Sa démarche est lente. Il va, la tête inclinée, les yeux sur la terre, se parlant à lui-même et absorbé dans de profondes et amères pensées.

Son caractère. — Gravité, austérité, froideur et tristesse. Parole rare, pensée lente, mais forte. Dissimulation des sentiments. Mémoire étonnante et durable. Persévérance dans les projets et dans la poursuite des choses. Habileté dans les affaires personnelles à cause de longues réflexions. Inébranlable dans la résolution. Indépendant d'esprit, le Saturnien se soumet par raison aux disciplines les plus austères et les plus rigoureuses. Solitaire et silencieux, il se suffit à lui-même et fuit le fracas du monde.

Méditatif, penseur, chercheur, patient au travail, son esprit n'a pas de repos, point d'exaltation non plus. Il pense souvent à la mort et la craint. Il est douteur et pessimiste. Il ne rit pas.

Les œuvres qu'il fonde sont durables, parce qu'il recherche avant tout la solidité. Méthodique, classificateur, systématique, le Saturnien, par l'excès même de sa raison trop rigoureuse, est porté aux utopies.

Il est défiant, soupçonneux, parfois fantasque. Peu sensible à l'amour comme à l'amitié; mais, quand il aime, son affection est constante. Il se souvient des offenses. Il est sobre, vit de peu. Il est fataliste. Il connaît peu l'amour de la gloire. Il n'a aucun des grands enthousiasmes. C'est avant tout un travailleur infatigable.

Les Saturniens sont des politiques patients et consommés, prudents, persévérants, qui savent tirer parti des fautes de leurs adversaires. Excellents conseillers. Ce sont des hommes de gouvernement sages. Les grands philosophes, les savants, les écrivains profonds ne sauraient se passer de leurs qualités.

TYPE MALHEUREUX. *Son signalement.* — Tête longue, souvent triangulaire; front osseux, saillant, tourmenté, plissé; sourcils longs, épais, joints, tombant sur de petits yeux noirâtres au regard perçant et faux; long nez, saillant et pointu; grande bouche serrée, aux lèvres crispées et rentrées; menton long, osseux, large. Joues creuses et pommettes saillantes. Teint plombé. Cheveux noirs, durs, souvent graisseux. Haute taille, maigre, osseuse, avec le dos très voûté. Souvent contrefait : ou boiteux ou bossu.

Son caractère. — Taciturne, triste et grondeur. Ame craintive, inquiète, soupçonneuse, défiante, envieuse, haineuse. Astuce, fourberie, hypocrisie. Ruse patiente. Avarice ardente et inhumaine. Le mauvais Saturnien est un usurier cruel. Il est célibataire, n'a point d'attachement familial; il a l'amour de la propriété. Contradicteur, sophiste et de mauvaise foi. Haine perpétuelle. A la fois superstitieux et incrédule. Trembleur.

Le mauvais Saturnien, comme le mauvais Terrien, est prêt à tout pour de l'or. Il est traître. Enfin, son influence est malfaisante.

Tels sont les signalements et les caractères des types planétaires. Avec ces indications élémentaires, on se rendra compte du travail d'analyse réalisé dans les portraits physiognomoniques que nous donnons plus loin.

Je rappelle que plusieurs types se trouvent combinés dans un individu; et j'ajouterai qu'il arrive parfois que quelques qualités du type *heureux* se rencontrent avec quelques défauts du même type, *malheureux*.

v — ANECDOTES

Je crois bien que la physiognomonie, comme la pratique Eugène Ledos, est une science aussi intransmissible que l'Art lui-même. Il faut le don. J'entends pour la posséder absolument, car rien n'empêche de s'y exercer et d'y devenir, sinon expert, du moins suffisant, comme il arrive que certaines personnes s'efforcent à dessiner, à peindre, à sculpter ou à écrire. Cet exercice est d'autant plus sollicitant qu'un instinct de physionomiste, je l'ai dit dans l'*Avant-propos*, sommeille en chacun de nous.

Toutefois, quand un physionomiste, non content de vous éclairer ou d'éclairer les autres sur votre caractère, vous prédit des événements ou des accidents que l'avenir justifie ou, au simple examen de votre personne, vous parle — comme s'il les avait connus — de vos parents, et vous raconte leurs malheurs et l'influence de ces malheurs sur vous-même, cela étonne.

Ce n'est pourtant pas tout à fait inexplicable, car on admettra logiquement que les événements et les accidents de notre existence sont des conséquences de notre naturel. Et, pour ce qui est de nos parents, il n'est pas impossible qu'un observateur pénétrant puisse en reconstituer les types d'après notre type. C'est une application, apparemment mystérieuse, des lois de l'atavisme. Il y a, de toute évidence, dans notre caractère, du caractère de nos ascendants. Nos malheurs sont, hélas! un héritage.

Mais voici des anecdotes étranges :

Quand Émile Ollivier (*fig.* 19 et 20) fut appelé par Napoléon III à la présidence du Conseil des ministres, M. Alexandre Dumas fils apporta un jour à M. Ledos un portrait de l'homme d'État. L'auteur du *Demi-Monde* appréciait la science du physionomiste, alors dans toute sa célébrité.

« — Eh bien! est-ce le Richelieu que tout le monde nous annonce? »

M. Dumas voulait en savoir, sur le compte d'Émile Ollivier, un peu plus que n'en savaient les autres. C'est de la bouche même de l'éminent académicien que je tiens la réponse d'Eugène Ledos :

« — Cet homme-là?... C'est le croque-mort de l'Empire et le mauvais génie de la France. »

Nous disons de certains personnages historiques malfaisants : « Ce fut un homme néfaste. » Le physionomiste avait reconnu celui-là. Et il n'était pas question, à cette époque, de la chute de Napoléon III. Le succès de l'Exposition universelle de 1867 et les visites obséquieuses des princes étrangers étaient des événements récents.

En 1860, le marquis de Boissy, un familier des Tuileries, avait montré à Ledos un portrait du jeune Prince impérial. Il avait dit :

« — Cet enfant ne régnera jamais. Il mourra prématurément et violemment. »

En 1864 — c'était donc encore avant l'arrivée aux affaires d'Émile Ollivier, qui devait être l'instrument de la chute impériale et du désastre national — un matin d'août, pendant le séjour de l'Empereur à Fontainebleau, Ledos visitait le palais des Tuileries, en compagnie du prince Murat, de la duchesse d'Otrante, de deux ministres et du même marquis de Boissy.

« —Il ne restera bientôt plus une pierre de ce bel édifice, » dit aux dignitaires qu'il suivait le bizarre prophète, que l'apparence des splendeurs ne trompait pas sur la fragilité d'un règne.

Seul, le marquis de Boissy ne rit pas.

Quelqu'un répondit :

« — N'ayez crainte; si on attaque l'Empire, l'Empire saura se défendre, il est fort.

Fig. 19. — Émile OLLIVIER.

Pirou.

— L'Empire tombera, et l'on ne tirera pas un pétard pour
empêcher sa chute. Et, lorsqu'on rasera ce palais, l'Empereur
aura cessé d'en être l'hôte. »

Dix ans avant sa mort tragique, Eugène Ledos avait prédit au
R. P. Captier, l'un des dominicains tués comme otage pendant
la Commune, qu'il serait fusillé un jour ou l'autre.

Toutes ses prédictions ne se sont pas accomplies. Malheureusement, un trop grand nombre de morts violentes ont donné
raison à sa prodigieuse prévision.

Ceux qui l'ont visité savent combien c'est un homme simple
et point sentencieux. Il ne prétend pas à l'infaillibilité, il vous
dit seulement :

« — Prenez garde, vous êtes menacé de telle ou telle chose. »

Il m'a été donné, d'abord, d'éprouver sa science; ensuite, de l'étudier avec lui-même.

Autrement, je ne me serais pas aventuré à en discourir si longuement, non plus à en oser la pratique.

Mais on pense bien que, parfois, dans le doute, j'ai sollicité les conseils du Maître.

Fig. 20. — ÉMILE OLLIVIER vers 1860.

P. Petit

VARIÉTÉS PHYSIOGNOMONIQUES

I — UN SAGE — PHYSIONOMIE AU REPOS

« Tout dépend des yeux, du regard, du sourire de la bouche, du mouvement des muscles : tout le reste ne signifie rien. » Combien de milliers de fois n'a-t-on pas répété cette idée ! et combien de milliers de fois la répétera-t-on encore, précisément pour la raison qu'elle contient beaucoup de vrai, et du vrai que nous sommes loin de vouloir contester ! Il n'est point d'erreur qui puisse se maintenir ou se perpétuer, à moins d'être entourée de beaucoup de vérité. Une fausse pièce d'or ne peut avoir cours si elle n'a pas l'apparence d'une bonne pièce, et si, à côté du cuivre, elle n'a pas beaucoup d'or. Ce qu'il y a de vrai dans la proposition précitée,

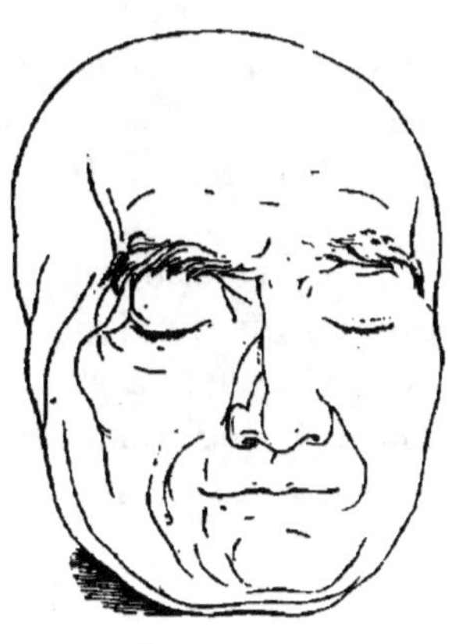

Fig. 21. — Un sage.

c'est « que le regard fait beaucoup, que les mouvements de la bouche sont de la signification la plus grande et la plus variée ; enfin, qu'un seul mouvement des muscles peut exprimer infiniment de choses ».

Il faudrait être entièrement privé de sens pour contester ce fait. Mais cette vérité n'en détruit pas d'autres, comme en général les vérités ne se contredisent jamais. Nous avons vu par les exemples les plus variés que ceci n'est pas exclusivement vrai, et ce portrait, extrêmement faible et griffonné d'un sage (*fig.* 21), nous le démontre, à ce qu'il me semble, plus clairement encore.

Ici, tout repose et dort; point de regard de l'œil, point de mouvement des lèvres. Cependant, qui osera dire en voyant cette figure : « Cette figure muette ne parle pas. » Qui osera dire : « Hors l'œil vivant et son regard, hors le mouvement des muscles, il n'y a pas de signification décisive. » N'y a-t-il point de sagesse au-dessus de ces sourcils, considérés même isolément? Ne semble-t-il point se cacher sous leur ombre un esprit profond qui commande le respect? Et l'on s'attendrait à voir ce front voûté revêtir aussi bien un esprit ordinaire qu'une intelligence supérieure? Cet œil fermé ne dirait rien? ce contour de nez, rien? rien, cette ligne centrale de la bouche? rien ce muscle prolongé du nez à la bouche? rien, cette proportion sûre et cette harmonie de toutes les parties, de tous les traits isolés? Où est l'homme assez borné pour répondre négativement en présence de cette figure? (LAVATER.)

Je renvoie le lecteur au début du livre et l'invite à rapporter tout ce que je viens d'emprunter à Lavater au visage des morts dont j'ai parlé à propos de Napoléon. Cette page véhémente est une très légitime défense des significations simplement anatomiques des formes en physiognomonie.

⁄ II — LE VISAGE PARFAIT

Si, dans une figure, tu trouves les traits suivants, chacun séparément bien et prononcé, et tous ensemble dans un rapport convenable, sois assuré d'avoir trouvé une figure presque surhumaine.

A. Égalité frappante entre les trois sections ordinaires du visage : le front, le nez et le menton.

B. Le front terminé horizontalement; en conséquence, les sourcils presque horizontalement disposés, serrés et hardis.

C. Des yeux bleus ou brun clair, qui, à quelques pas de distance, semblent noirs et dont les paupières supérieures couvrent la pupille d'environ un cinquième ou un quart.

E. Un nez dont le dos est large, presque parallèle, et cependant un peu exhaussé.

D. Une bouche horizontale dans l'ensemble, dont la lèvre supérieure et la ligne centrale s'abaissent au milieu, doucement, et cependant à quelque profondeur, et dont la lèvre inférieure n'est pas plus grande que la lèvre supérieure.

F. Un menton rond et saillant.

G. Des cheveux courts, brun foncé, et crépus par grandes portions. (LAVATER.)

III — QUELQUES CARACTÈRES

CARACTÈRES MULTIFORMES. — Un front court, perpendiculaire, noueux, fort et confusément sillonné du haut, plat entre les sourcils, des yeux gris bleu, grands, clairs d'ailleurs, un petit nez, une lèvre supérieure longue, mais, pour ainsi dire, imperceptible; le teint pâle, les deux lèvres toujours en mouvement; ce sont des traits que j'ai trouvés à des hommes d'esprit, d'une mémoire fort riche, d'une activité propre à plus d'un genre, même à l'intrigue; tantôt doux et bons, tantôt sévères et durs, ayant quelquefois l'esprit très clairvoyant, mais quelquefois aussi parfaitement faux.

ESPRITS SOPHISTES ET FOURBES. — De petits yeux mats mal dessinés, le regard toujours aux aguets, le teint plombé, des cheveux noirs, courts, plats; un nez retroussé, la lèvre inférieure fort relevée et fort saillante, sous un front spirituel (spirituel, ici, n'est pas pris par Lavater dans le sens « avoir de l'esprit » mais dans le sens « avoir de l'intelligence, de l'âme ») et bien fait, forment une réunion de traits que vous ne trouverez guère que chez un archisophiste, méchant, tracassier, fourbe, intrigant, soupçonneux, sordidement intéressé, vil, enfin chez un homme abominable.

OPINIATRETÉ. — Plus le front est élevé, plus les autres parties du visage, comparées au front, paraissent petites, plus la voûte de ce front est noueuse, plus l'œil est enfoncé, moins on aperçoit d'enfoncement entre le front et le nez; plus la bouche est fermée et le menton large, enfin, plus est perpendiculaire le profil de la longueur du visage, plus vous trouverez l'opiniâtreté d'un tel homme invincible, plus son caractère aura de raideur et de dureté.

DÉPRAVATION. — Des joues bouffies et fanées, une bouche grande et spongieuse, des lentilles rousses au visage, des cheveux plats qui frisent avec peine, des plis confus entrecoupés au front, un crâne qui s'abaisse rapidement vers le front, des yeux qui ne reposent jamais naturellement sur un point, et qui, vers le bas, forment un angle: tous ces caractères réunis composent les signes de la dépravation, ce que l'on appelle vulgairement le *vaurien*.

CIRCONSPECTION. — Soyez en garde contre tout homme qui parle bas, mais dont le style est haut et tranchant; contre tout homme qui parle peu, mais écrit beaucoup; contre tout homme qui ne rit guère, mais sourit souvent et dont le sourire est presque toujours accompagné de mépris ou de dédain.

Des fronts courts, des nez obtus, des lèvres fort petites, ou des lèvres inférieures assez saillantes, de grands yeux qui n'osent jamais vous fixer directement et surtout des mâchoires larges et grossières, un menton relevé, gras et ferme en dessous.

Voilà le signalement des circonspects.

CARACTÈRE MALE. — Des fronts presque sans rides, ni perpendiculaires, ni fort rentrants, ni fort plats, ni absolument ronds, mais à peu près sphériques; des sourcils épais, proprement dessinés, bien fournis, et qui tracent la limite du front d'une manière sensible et frappante ; des yeux ouverts plus qu'à moitié, mais non pas tout à fait ; un enfoncement médiocre entre le front et le nez, un nez presque aquilin, à large dos ; des lèvres bien proportionnées, bien développées, ni petites, ni ouvertes, ni trop fermées ; enfin, un menton qui ne soit ni trop avancé, ni trop rentrant. L'ensemble de ces traits annonce un esprit mûr, un caractère mâle, une fermeté tout à la fois active et prudente.

CARACTÈRES A CRAINDRE. — 1º Celui qui relève la tête et la porte en arrière, que cette tête soit grosse ou singulièrement petite ; celui qui, voulant montrer de grands yeux encore plus grands qu'ils ne sont, les tourne exprès de côté, comme pour regarder tout par-dessus l'épaule ; celui qui, après vous avoir prêté long-temps un silence orgueilleux, vous fait ensuite une réponse courte, sèche et tranchante, qu'il accompagne d'un froid sourire ; qui, du moment qu'il aperçoit la réplique sur vos lèvres, prend un air soucieux et murmure tout bas d'un ton propre à vous imposer le silence. Cet homme a pour le moins trois qualités dangereuses : entêtement, orgueil, dureté ; très probablement, il y joint encore la fausseté et la fourberie.

2º Fuyez tout visage plein, osseux, d'un jaune brun, à veines bleues, sillonné, rempli d'expression, riche de caractère, à grands yeux, à lèvres fortes, aiguës et qui s'approche de vous d'un air soumis, adulateur ; ce sera pour vous un Architophel, un Judas, un Satan ; à moins que vous ne le traitiez avec la droiture la plus simple, l'honnêteté la plus franche, il épuisera contre vous tous les mensonges que peut inspirer la rage de a haine.

L'adulation dans les physionomies dures, la dureté dans les physionomies molles et douces sont également redoutables.

DISCONVENANCES DES CARACTÈRES. — Avez-vous un front osseux, long, élevé, ne vous liez jamais d'amitié avec une tête qui sera presque en forme de boule. Avez-vous une tête presque en forme

de boule, ne vous liez jamais d'amitié avec un front osseux,
long, élevé; de pareilles disconvenances sont funestes, surtout
au bonheur du mariage.

LE PENSEUR. — Il n'est point de véritable penseur qu'on ne re-
connaisse à l'intervalle des sourcils, au passage du front au nez ;
s'il manque là certaines sinuosités, certain enfoncement, un
trait marqué de finesse et d'énergie, vous chercheriez en vain
le caractère du penseur dans tout le reste du visage, dans tout
l'ensemble de cet homme, dans toute sa conduite, dans toutes
les opérations de son esprit : je dis « le
caractère du penseur », c'est-à-dire de
l'homme ayant un besoin profond d'idées
vraies, lumineuses, précises, conséquentes
et fortement combinées.

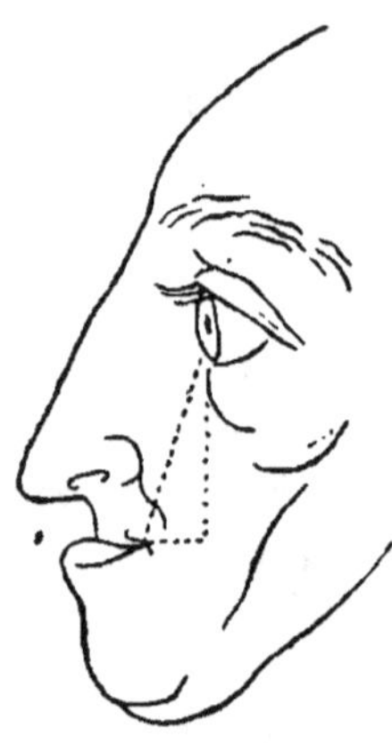

Fig. 22. — L'imbécile.

L'IMBÉCILE. — Il est stupide tout visage
dont la partie inférieure, à compter depuis
le nez (la base du nez), se divise en deux
parties égales, par la ligne centrale de la
bouche. Tout visage est bête, dont la
partie solide inférieure est sensiblement
plus longue qu'une des deux parties *supérieures* (*fig.* 22). Plus le profil de l'œil
forme un angle obtus avec le profil de la
bouche, plus il indique un homme faible ou borné.

REMARQUE GÉNÉRALE. — Regardez plus au front qu'à tout le
reste, si vous voulez savoir ce qu'un homme est naturellement,
ou ce qu'il pourra devenir en raison de sa nature.

Observez sa bouche fermée ou dans l'état de repos, si vous
voulez deviner ce qu'il est devenu. La bouche ouverte indique
surtout le moment présent de son état habituel. Avez-vous le
bonheur de rencontrer une bouche fermée sans aucune tension,
sans aucune gêne, avec des lèvres bien proportionnées, sous un
front caractéristique, penché légèrement en arrière, aux linéa-

ments fins et délicats, à la peau douce et mobile, sans sillons rudes ou trop marqués, que cette tête vous soit sacrée ! (LAVATER.)

IV — SUR LES FEMMES

On n'oserait confier au papier la millième partie des observations qu'on a faites sur les femmes.

L'orgueil ou la vanité, voilà le caractère général de toutes les femmes; il suffit de blesser une de ces deux passions pour faire ressortir des traits qui nous laissent entrevoir jusqu'au fond l'abîme de leur caractère.

Ces traits caractéristiques se rencontrent plus rarement au front que dans les ailes du nez, dans le froncement des narines, dans les plis des joues et des lèvres, surtout dans le sourire.

Une femme d'un esprit dédaigneux et caustique ne sera jamais propre à l'amitié; et cette disposition, quelque adroite, quelque fine que soit une femme, elle ne saura jamais la cacher. Prenez garde seulement au mouvement des ailes du nez, de la lèvre supérieure, vue de profil, toutes les fois qu'il est question devant elle d'une de ses rivales ou de toute autre femme qui, sans être rivale, fait sensation.

Des femmes avec des verrues brunes, velues, ou avec du poil fort au menton, surtout à la partie inférieure du menton, ou au cou, sont ordinairement, à la vérité, de bonnes ménagères, vigilantes, actives, mais d'un tempérament amoureux jusqu'à la folie et la rage; elles jasent beaucoup et jasent volontiers sur le même sujet; elles sont importunes et vous ne vous en débarrassez qu'avec peine; il faut les traiter avec ménagement, ne leur témoigner qu'un intérêt tranquille et tâcher, avec une sorte de dignité froide et douce, de les tenir sans cesse à une certaine distance de vous.

———

Si la démarche d'une femme est désagréable, gauche, impétueuse, sans dignité, se précipitant en avant et de côté d'un air dédaigneux, soyez sur vos gardes. Ne vous laissez éblouir ni par le charme de sa beauté, ni par les grâces de son esprit, ni même par l'attrait de la confiance qu'elle pourra vous témoigner; sa bouche aura les mêmes caractères que sa démarche et ses procédés seront durs et faux comme sa bouche. Elle sera peu touchée de tout ce que vous ferez pour elle et se vengera cruellement de la moindre chose que vous aurez négligée. Comparez sa démarche et les lignes de son front, sa démarche et les plis autour de sa bouche; vous serez étonné du merveilleux accord de tous ces signes caractéristiques.

———

Fig. 23.

Des femmes aux yeux roulants (*fig. 23*), à la peau singulièrement flexible, plissée, molle, presque pendante, au nez arqué, aux joues colorées, à la bouche rarement tranquille, au menton inférieur bien marqué, au front très arrondi, d'une peau douce et légèrement plissée, ne sont pas seulement éloquentes, d'une imagination vive et féconde, d'une mémoire prodigieuse, remplies d'ambition; elles ont encore beaucoup de penchant pour la galanterie, et, malgré une prudence qui est leur propre, elles s'oublient parfois.

———

Une femme avec la racine du nez fort enfoncée, beaucoup de gorge, la dent canine un peu saillante, quelque laide qu'elle soit, quelque peu de charmes qu'elle ait d'ailleurs, n'en aura pas moins, pour le vulgaire des libertins, des hommes voluptueux, un attrait plus facile, plus certain, plus irrésistible qu'une femme vraiment belle. Les plus dangereuses prostituées que l'on voit paraître devant les tribunaux se distinguent toutes à ce caractère.

Fuyez comme la peste les femmes que la nature aura marquées de pareils traits, et ne formez jamais avec elles aucune liaison sérieuse, quand même elles jouiraient de la réputation la plus intacte. (LAVATER.)

V — RESSEMBLANCES ANIMALES

L'AIGLE (*fig.* 24). — Ceux qui ont le nez courbé au sortir du front à la manière de l'aigle sont considérés comme des hommes

Fig. 24. — L'Aigle.

de grand courage. On l'appelle nez *aquilin*, et il porte en soi quelque chose de royal et de majestueux, aussi de magnificent. La ressemblance à l'aigle, — qu'il ne faudrait pas confondre avec la ressemblance au perroquet — dénote donc, d'après le Napolitain J.-B. Porta, la vertu guerrière, le courage, la libéralité.

L'ANE (*fig.* 25). — Aristote, écrivant à Alexandre, dit que celui qui a l'œil de l'âne, c'est-à-dire proéminent, est dénué de

Fig. 25. — L'Ane.

sagesse. Porta ajoute que ceux qui ont de longues oreilles sont suffisants en paroles et en actions, présomptueux, sots.

LE BŒUF (*fig.* 26). — Porta, citant toujours Aristote, puis

Fig. 26. — Le Bœuf.

Polémon et Adamantius, prétend que ceux qui ressemblent au bœuf sont négligents, apathiques et lâches.

Le taureau a la tête moins longue et le cou plus court que la tête et que le cou du bœuf. Les hommes hardis qui s'exposent sans crainte aux dangers ont dans le front beaucoup de rapports avec le front des taureaux. Le cou gros et court est un signe de colère.

LE CHAT. — Le chat a la face petite, les joues grêles, les lèvres déliées, le nez petit. Ceux qui portent ces caractères de la physionomie ont, comme le chat, l'esprit fin, rusé, méchant et enclin à préparer des pièges. Dans les lèvres grêles et déliées, Porta remarque que l'homme est craintif et fort trompeur. Il ajoute que qui ressemble au chat ressemble aux femmes, « qui ont les lèvres déliées et la bouche petite et sont craintives, sans vigueur, trompeuses et pleines d'artifices ».

LE CORBEAU. — « Celui est impudent qui ressemble au Corbeau, » dit Porta. « Pour moi, dit-il de plus, je regarde ceux qui ont le nez en bec de corbin pour des larrons et des hommes adonnés à la rapine. Les Corbeaux, comme les pies, y sont naturellement enclins : ceux que nous apprivoisons ont la coutume de prendre et de cacher des clefs, des pièces d'or, des bijoux. »

LE POURCEAU (*fig.* 27). — L'homme au front étroit, d'après

Fig. 27. — Le Pourceau.

Porta et les anciens déjà cités, est lourd, indocile, sans repos, inquiet. Aristote ajoute au front étroit que les sourcils tirant

droit vers le nez du haut en bas, petits et toujours en mouvement, sont un signe de sale gourmandise. Ajoutez que le nez
gros par le bout, les lèvres dures et enflées et recourbées en
dehors affirment encore la ressemblance avec le cochon et en
donnent tout le caractère abject.

LE LION (*fig.* 28). — « Le Lion, écrit le physionomiste napolitain, a la tête médiocrement grosse et grande (si l'on fait

Fig. 28. — Le Lion.

abstraction de sa crinière), le front et la face carrés, le sourcil
élevé, les yeux ni trop concaves, ni trop éminents, le regard
fier et assuré, le nez plutôt fort que petit, l'ouverture de la
gueule ample, les lèvres minces tombant juste l'une sur l'autre,
le cou grand et d'une grosseur médiocre, la poitrine forte, tout
le corps nerveux et articulé. » Aristote remarque qu'il marche
avec pompe, que son allure est lente et ses pas mesurés, ayant
de la dignité dans tous ses mouvements. « Celui qui marche ainsi,
dit-il, prouve la force de son corps et la grandeur de son âme. »
Aristote recommande à Alexandre les têtes qui ne sont ni trop
grandes, ni trop petites, et il conclut que celles-là ont une rela-
tion avec celle du Lion. Il établit d'autres rapports sur la dureté
du poil comparée à celles des cheveux, laquelle est un signe de

force; sur la forme du front carré et un peu concave vers le milieu, signe de prudence et de courage; sur celle du nez rond par le bout et dont le haut est rabattu, ce qui est une marque de grandeur et de générosité; de sorte que les hommes dont les traits se rapprochent de ceux-ci sont forts et généreux comme les Lions.

LE SINGE (*fig.* 29). — Le Singe ayant dans sa petite face beaucoup d'os et de cartilages, l'homme ainsi conformé est agis-

Fig. 29. — Le Singe.

sant; mais, comme le Singe, plutôt par inquiétude qu'à dessein, timide et dépourvu de sagesse, surtout quand il a encore ce point de ressemblance de montrer des joues grêles, ce qui est un signe de ruse et de malice. De même la lèvre supérieure plus longue et plus grosse que l'inférieure et les yeux excessivement petits sont un signe de pusillanimité, surtout quand la prunelle est encore plus petite que l'œil qui la contient, ce qui montre la ruse et la malfaisance.

Enfin, comme ajoute Porta, quoique le Singe soit de tous les animaux celui qui ressemble le plus à l'homme, c'est pour l'homme un triste brevet qu'une trop grande ressemblance avec le Singe.

L'OURS. — Qui ressemble à l'Ours est farouche, gourmand et insensé. Ovide, frappé de la lourdeur de cet animal, dit que l'Ours n'est qu'une masse informe, un tronc d'arbre dont la structure indique un esprit aussi lourd que farouche. La Fontaine a dit :

> Car, pour mon frère l'Ours, on ne l'a qu'ébauché ;
> Et jamais, s'il m'en croit, il ne se fera peindre.

Il ne manque pas, en effet, d'hommes ébauchés comme frère l'Ours et qui sont d'un naturel épais et stupide. Devant eux, on s'écrie : « Cet homme ressemble à un ours ! »

LE COQ (*fig*. 30). — L'opinion de Porta est que les gens qui ont le nez concave au-dessous du front, rond et très éminent

Fig. 30. — Le Coq.

dans sa rondeur, sont avides des plaisirs de l'amour et même des plaisirs contre nature. Il dit qu'il a connu plusieurs de ses amis qui, ayant le nez de cette forme, avaient ces brutales inclinations.

LA PANTHÈRE. — Porta compare la forme de la Panthère et ses mœurs à celles de la femme. Elle a la face petite ainsi que la gueule, les yeux petits et tirant sur le blanc, mais très remuants, le cou long et mince, la poitrine garnie de petites côtes, le dos long, les fesses et les cuisses charnues, les parties d'autour les flancs et le ventre plats, tout le corps mal proportionné. Il passe ensuite aux mœurs. Elle a, dit-il, l'esprit mou et cependant sujet à s'irriter; elle est craintive et cependant hardie, rusée, dissimulée, et habile à tendre les pièges; elle a de l'agilité et de la vitesse, une extrême souplesse dans ses mouvements.

Ceci n'est peut-être pas absolument obligeant pour les femmes, mais l'on constatera que c'est d'une observation ancienne — Porta ne parlant qu'après Aristote — de leur trouver une ressemblance féline.

VI — DES DIFFÉRENTES PARTIES DU VISAGE

(D'après Lavater)

LE FRONT (*fig.* 31). — Les fronts peuvent se réduire à trois classes principales : ils sont ou penchés en arrière, ou perpendiculaires, ou proéminents (*fig.* 31). Chacune de ces classes a une quantité de subdivisions qu'il est facile d'ailleurs de réduire en espèces.

En voici les principales :

1° Les fronts à lignes droites.

2° Les fronts dont les lignes, moitié droites, moitié courbes, se confondent.

3° Ceux dont les lignes, moitié droites, moitié courbes, se coupent.

4° Les fronts à lignes courbes, simples.

5° Les fronts à lignes courbes, doubles ou triples.

Ajoutons quelques observations particulières :

1. Plus le front est long, plus l'esprit embrasse d'objets, mais plus aussi il est dépourvu d'énergie.

2. Plus le front est serré, court, compact, plus le caractère est concentré, solide et ferme.

3. Plus les contours sont arqués et dénués d'angles, plus le caractère est doux et flexible; plus ceux-là sont droits, plus celui-ci est ferme et dur.

4. La perpendicularité complète du front depuis les cheveux jusqu'aux sourcils est le signe du manque total d'intelligence.

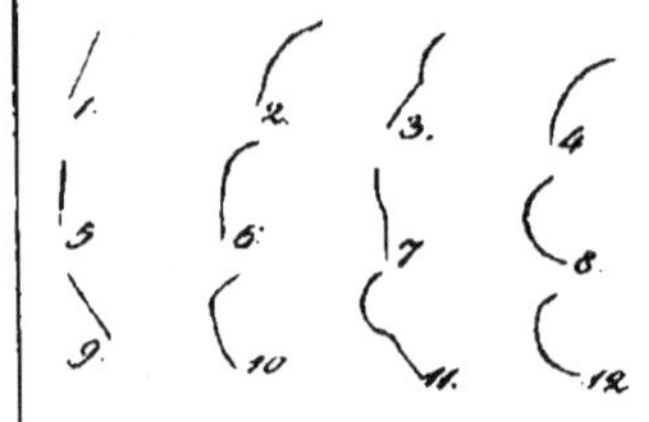

Fig. 31. — Les fronts.

5. Une perpendicularité qui se voûte doucement par le haut comme celle du n° 6 marque les meilleures dispositions pour la réflexion froide, silencieuse et profonde.

6. Les fronts proéminents, comme le 9, le 10, le 11 et le 12, sont imbéciles, peu mûrs, faibles et stupides.

7. Ceux qui sont penchés en arrière, comme le 1, le 2, le 3 et le 4, annoncent en général de l'imagination, de l'esprit et de la délicatesse.

8. Les fronts ronds et proéminents par le haut, mais droits par le bas et perpendiculaires dans l'ensemble, à peu près comme le 7, sont très intelligents, très vifs, très susceptibles, très violents et froids comme la glace.

9. Les fronts à lignes droites et d'une position oblique marquent également de la violence et de la vivacité d'esprit.

10. Les fronts arqués comme le 5 semblent particulièrement appartenir à des femmes. Le 5 est *clairvoyant.* (Je n'aime pas à me servir du mot *penseur,* en parlant du sexe féminin; les femmes les plus raisonnables pensent peu ou ne pensent guère; elles *voient* les images, elles savent les ranger les unes à côté des autres, mais elles n'entendent rien aux abstractions.) Le 8 est ennuyeusement bête; le 12 est le *nec plus ultra* de la stupidité et de la faiblesse.

11. Une heureuse association de lignes droites et de lignes arquées, en même temps qu'une heureuse position du front, annonce la vraie sagesse. Par « heureuse association des lignes », je comprends celle qui leur permet de se confondre insensiblement; par « heureuse position », celle qui n'est ni trop perpendiculaire ni trop en arrière, à peu près comme dans le 2.

12. Je serais presque porté à établir comme axiome physiognomonique que toute forme droite des lignes est à toute forme courbe comme la force à la faiblesse, la raideur à la flexibilité, l'intelligence aux sens.

La veine frontale ou l'**Y** bleuâtre au milieu d'un front ouvert, sans rides et bien voûté, est toujours l'indice de talents extraordinaires et d'un caractère noble et enthousiaste.

Les rides perpendiculaires du front, quand elles lui sont analogues, marquent une forte application et beaucoup d'énergie; les rides horizontales, au contraire, qui sont coupées au milieu, soit vers le haut, soit vers le bas, accompagnent, en général, la négligence et la faiblesse.

De profondes incisions perpendiculaires entre les sourcils appartiennent toujours à des gens pleins d'aptitudes, dont l'esprit est sain, le caractère noble et indépendant, pourvu cependant que cette marque ne soit pas contre-balancée par des traits positivement contradictoires.

Les signes les plus distinctifs d'un front parfaitement beau, et qui exprime autant d'intelligence que de noblesse, sont :

a) Une proportion frappante avec le reste de la figure;

b) De la largeur qui, par le haut, prend une forme ovale ou carrée;

c) De la pureté, exempte de toute espèce d'inégalités et de rides permanentes. Un tel front doit cependant être susceptible de rides, mais dans les moments de méditation, d'affliction profonde ou par un mouvement de juste indignation;

d) Un pareil front doit s'avancer par le bas et reculer par le haut;

e) Le frontal orbitaire doit être simple, horizontal, et, vu d'en haut, il doit présenter un arc régulier et pur;

f) Il peut avoir au milieu un sillon perpendiculaire et transversal, visible seulement par un jour clair et venant d'en haut; il faut aussi que la cavité partage le front en quatre cases presque égales;

g) La couleur de la peau doit être plus claire que celle des autres parties du visage.

h) Les contours doivent être partout tels que si l'on ne voit qu'une section du front, à peu près le tiers, on ne sache jamais s'il décrit une ligne droite ou courbe.

LES SOURCILS (*fig.* 32). — Des sourcils arqués avec simplicité dénotent le caractère modeste d'une jeune vierge.

Les sourcils horizontaux et en ligne bien droite : caractère mâle de l'homme.

Composés de lignes droites et de lignes arquées : à la fois esprit mâle, et bonté et croyance.

Des sourcils condensés et compacts, dont les poils sont parallèles et, pour ainsi dire, tirés au cordeau, sont la marque décisive d'un esprit ferme, mâle et mûr, d'une prudence profonde et d'un sens loyal et arrêté.

Des sourcils qui se joignent : troubles de l'esprit et du cœur, soupçon, jalousie.

Les sourcils affaissés donnent un aspect de mélancolie.

Jamais penseur profond ni homme très ferme et très sensé n'aura de ces sourcils minces, élevés et partageant en quelque sorte le front en deux parties égales.

Les sourcils minces sont toujours un signe de flegme et de faiblesse.

Sourcils anguleux et fortement entrecoupés : ardeur et activité d'un esprit productif.

Plus les sourcils sont rapprochés des yeux, plus le caractère est sérieux, profond et ferme.

Plus ils sont éloignés, plus le caractère est léger et mobile.

Distants l'un de l'autre : esprit facile, calme et ouvert.

Les sourcils blancs dénotent la faiblesse.

Les bruns bien noirs témoignent la fermeté de l'âme.

Le mouvement des sourcils renferme une expression infinie. Il trahit surtout les passions, telles que l'orgueil, la colère et le dédain.

Voici une douzaine de sourcils. Toutes ces formes peuvent aller ensemble avec un esprit sensé. Elles le *peuvent*, mais ce sera difficile. pour le 10, moins difficile pour le 11, plus difficile au contraire pour le 9; extrêmement difficile pour le 6 et le plus difficile pour le 4. Le 1, le 2 et le 3, au contraire, ne peuvent pas se rencontrer avec la sottise. Le 12 est propre à un esprit que rien ne saurait égarer.

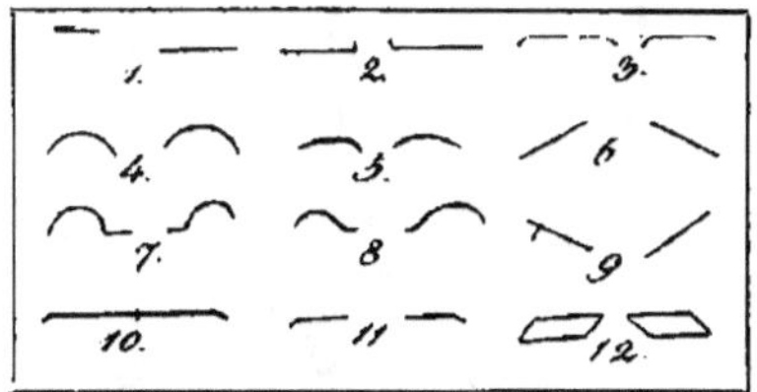

Fig. 32. — Les sourcils.

LES YEUX. — Des yeux très grands, d'un bleu fort clair, et, vus de profil, presque transparents, annoncent toujours une conception facile, étendue, mais en même temps un caractère extrêmement sensible, difficile à manier, soupçonneux, jaloux, susceptible de prévention. Ce sont aussi presque toujours des hommes d'un tempérament voluptueux et très enclins à la curiosité, je dirai presque à l'espionnage.

Des petits yeux noirs, étincelants, sous des sourcils noirs et touffus, qui paraissent s'enfoncer lorsqu'ils sourient malignement, annoncent presque toujours de la ruse, des aperçus profonds, un esprit d'intrigue et de chicane. Si de pareils yeux ne sont pas accompagnés d'une bouche moqueuse, ils désignent un esprit froid et pénétrant, beaucoup de goût, de l'élégance, de la précision, plus de penchant à l'avarice qu'à la générosité.

Des yeux qui, vus de profil (*fig.* 33), semblent presque de niveau avec le profil du nez, sans être pourtant à fleur de tête, sans ressortir de dessous les paupières, indiquent constamment une organisation faible; et, si cette première indication n'est pas démentie par d'autres traits bien prononcés, une sorte d'imbécillité.

Des yeux dont les angles sont longs (*fig.* 35), aigus, surtout si

la direction est horizontale, pour ainsi dire, s'ils ne penchent pas en bas, avec des paupières épaisses et qui semblent couvrir la moitié de la prunelle, sont des marques de génie et de tempérament sanguin.

Des yeux (*fig.* 34) qui ne jettent point de plis du tout ou qui jettent beaucoup de plis allongés, toutes les fois qu'ils veulent exprimer la joie ou la tendresse, n'appartiennent qu'à des caractères plats, faibles, pusillanimes ou totalement imbéciles.

Fig. 33.

Des yeux (*fig.* 36) grands, ouverts, d'une clarté transparente, et dont le feu brille avec une mobilité rapide dans des paupières parallèles, peu larges et fortement dessinées, réunissent très certainement ces cinq caractères : une pénétration prompte, de l'élégance et du goût, un tempérament colérique, de l'orgueil, un penchant extrême pour les femmes.

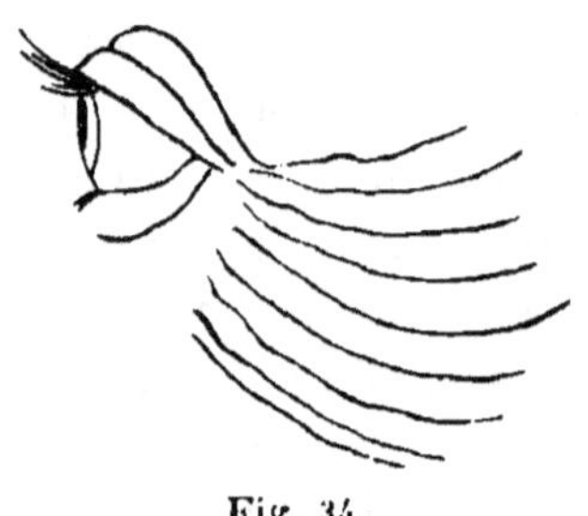

Fig. 34.

Des yeux aux sourcils faibles, minces, pour ainsi dire épilés, aux cils longs, arqués, dénotent un esprit mou, sombre et flegmatique.

Des yeux qui, exprimant tout à la fois la force et le repos, paraissent saisir rapidement et pénétrer avec douceur, dont le regard rappelle un ciel serein, mais entremêlé de nuages ; des yeux languissants, fondants, mobiles avec une sorte de lenteur, qui semblent écouter en regardant, attirer, savourer, si j'ose m'exprimer ainsi, leur objet, lui prêter leur teinte et leur couleur ; de tels yeux, vrais organes de la jouissance la plus voluptueuse et de la jouissance la plus spirituelle, ne sont jamais bien ronds, jamais entièrement ouverts, ni trop avancés, ni très saillants ; ils ne

Fig. 35.

la plus spirituelle, ne sont jamais bien ronds, jamais entièrement ouverts, ni trop avancés, ni très saillants ; ils ne forment jamais ni un angle obtus, ni un angle aigu vers le bas.

De petits yeux bleus (*fig.* 37) sans éclat, enfoncés, fortement dessinés sous un front osseux presque perpendiculaire, rentrant vers le bas, très sensiblement arrondi vers le haut, n'appartiennent qu'à des hommes remplis, à la vérité, de prudence et de pénétration, mais en même temps aussi d'orgueil, de soupçons, d'un caractère dur et froid.

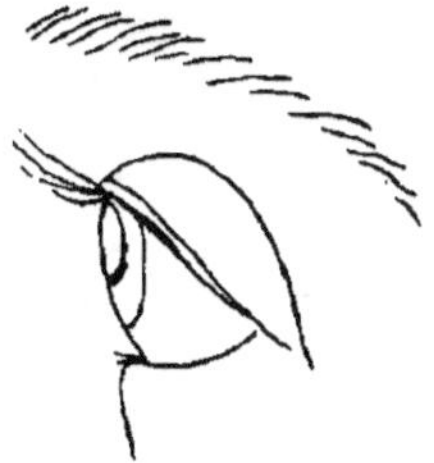

Fig. 36.

Des yeux (*fig.* 38) qui laissent voir la prunelle tout entière et, sous la prunelle, encore plus ou moins de blanc, sont dans un état de tension qui n'est pas naturel, ou n'appartiennent qu'à des hommes inquiets, passionnés, à moitié fous, jamais à des hommes d'un jugement sain, mûr, précis, et qui méritent une parfaite confiance.

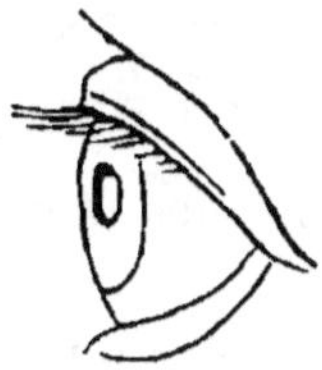

Fig. 37.

Fig. 38.

Certains yeux (*fig.* 39) très ouverts, très saillants, avec des physionomies fades, annoncent de l'entêtement sans fermeté, de la bêtise avec des prétentions à la sagesse, un caractère froid qui voudrait montrer de la chaleur et n'est tout au plus susceptible que d'un feu momentané.

Fig. 39.

LE NEZ. — Un nez physionomiquement bon est d'un poids inappréciable dans la balance du physionomiste : rien, absolument rien, ne peut l'emporter sur l'influence de ses traits distinctifs. Le nez est comme le dernier résultat du front, la racine principale de toute la partie inférieure du visage; sans inflexions douces, sans entailles légères, sans ondulations plus ou moins marquées, il n'est

Fig. 40.

Fig. 41.

point de nez physionomiquement bon, grand ou spirituel. Où vous ne trouverez pas une petite inclinaison, une espèce d'enfoncement dans le passage du front au nez, à moins que le nez ne soit fortement recourbé, n'espérez pas découvrir le moindre caractère de noblesse et de grandeur.

Les hommes dont le nez penche extrêmement vers la bouche (*fig.* 40) ne sont jamais ni vraiment bons, ni vraiment gais, ni grands, ni nobles. Leur pensée s'attache toujours aux choses de la terre ; ils sont réservés, froids, insensibles, peu communicatifs, ont ordinairement l'esprit malin, de mauvaise humeur. Ils sont profondément hypocondriaques ou mélancoliques. Si les nez de ce genre sont courbés du haut, c'est encore l'indice d'un penchant extrême pour la volupté.

Des nez (*fig.* 41) un peu retroussés, avec un enfoncement marqué vers la racine, sous un front plus perpendiculaire que rentrant, décèlent une disposition naturelle à la volupté, aux jouissances de la mollesse, à la jalousie, à l'entêtement ; mais une pareille

Fig. 42.

disposition n'est pas incompatible avec la finesse, les talents, la probité, la bonhomie.

Un nez sans aucun caractère frappant (*fig.* 42), sans nuance, sans inflexions, sans ondulation, sans aucun linéament expressif, peut bien être le nez d'un homme honnête, raisonnable, même aussi d'un caractère assez noble, mais ce ne sera jamais celui d'un homme supérieur ou très distingué.

Des nez (*fig.* 43) marqués des deux côtés de plusieurs plis rendus sensibles au plus léger mouvement, et qui ne disparaissent pas même entièrement dans le repos le plus absolu, annoncent un esprit lourd, incommode, souvent hypocondriaque, et quelquefois d'une malice opiniâtre.

Fig. 43.

Des nez retroussés à des hommes grossiers et colères (*fig.* 45), sous des fronts hauts, intelligents, mais
rentrant pourtant vers le bas, avec la lèvre inférieure
fort avancée, annoncent presque toujours des caractères d'une dureté insup-
portable, d'un despotisme
effrayant.

Il y a cent sortes de nez
retroussés qui peuvent
appartenir à des têtes
remplies de talents et de s agesse;
mais, si ce nez est fort court (*fig.* 44),
s'il se trouve joint à une lèvre supérieure longue, s'il est obtus au
delà d'un certain degré, croyez qu'aucun trait du visage n'en
pourra corriger l'indication funeste.

Fig. 45.

Fig. 44.

LES OREILLES. — *Fig.* 46. Oreille délicate et faible.

Fig. 47. De la finesse, de l'attention et de la réflexion.

Fig. 48. Plus d'activité que dans la *fig.* 46 et plus d'énergie.
Génie productif, riche en talents et doué d'éloquence.

Fig. 49. Le contour serpenté qui borde l'enfoncement pourrait
bien être de la bonhomie. Elle est peu différente de la *fig.* 48.

Fig. 50. Elle indique plus de faiblesse que celles des *fig.* 47,
48 et 49.

Fig. 51 et 52. Elles ne sauraient appartenir à des hommes
ordinaires.

Fig. 53. Oreille délicate et spirituelle.

Fig. 54. Un peu de dureté.

Fig. 55. Peu de sensibilité, mais beaucoup de capacité.

Fig. 56. Circonspection dénuée de toute espèce de courage.

En général, les oreilles longues, sans excès, prouvent de l'intelligence ; les petites avec excès, de la faiblesse ; les oreilles
carrées, fortes, des goûts pratiques ; les oreilles fines, moyennes,
aux contours déliés, de la délicatesse, parfois de la ruse, souvent de l'esprit ; quand elles sont pointues, c'est lasciveté.

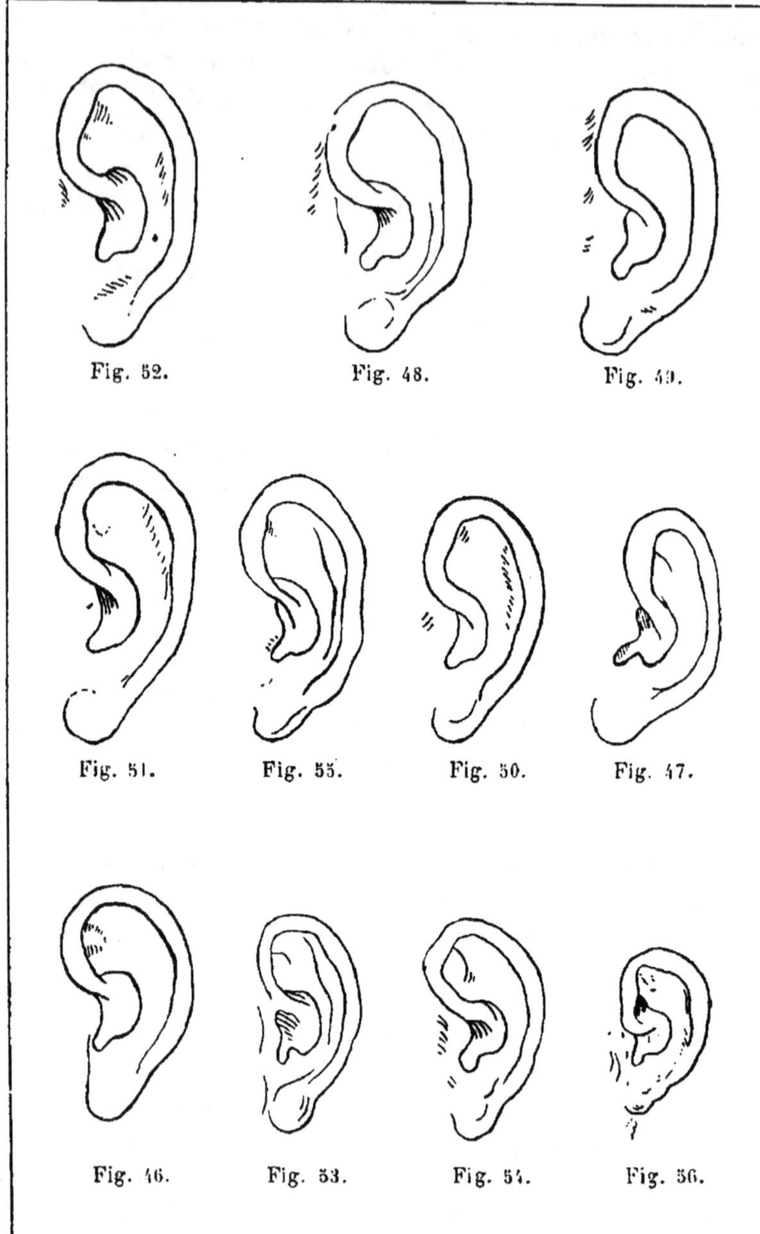
Fig. 52.
Fig. 48.
Fig. 49.
Fig. 51.
Fig. 55.
Fig. 50.
Fig. 47.
Fig. 46.
Fig. 53.
Fig. 54.
Fig. 56.

LES JOUES ET LA BOUCHE. — Si sur la joue qui sourit on voit se former trois lignes parallèles et circulaires, comptez dans ce caractère sur un fonds de folie (*fig.* 57).

Fig. 57.

Si la lèvre inférieure (*fig.* 58), avec les dents, dépasse horizontalement la moitié de la largeur de la bouche, vue de profil, comptez, suivant l'indication des autres nuances de la physionomie, sur un de ces quatre caractères, isolé, ou sur tous les quatre réunis : bêtise, rudesse, avarice, malignité.

Fig. 58.

Toute disproportion entre la lèvre supérieure et l'inférieure (*fig.* 59) est un indice de folie ou de méchanceté.

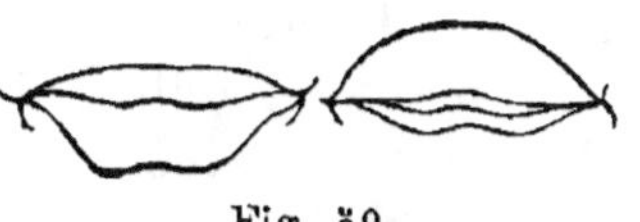

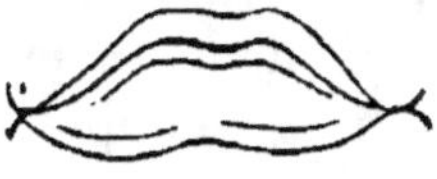

Fig. 59.

Les meilleurs hommes, comme les hommes les plus sages, ont les lèvres bien proportionnées.

De trop grandes lèvres, quoique bien proportionnées, annoncent toujours un homme peu délicat, sordide ou sensuel, quelquefois même un homme stupide ou méchant.

Fig. 60.

Où le mépris (*fig.* 60 et 61) est habituellement sur les lèvres, il n'y a point de véritable amour.

Fig. 61.

Comme est l'enfoncement du milieu de la lèvre supérieure (*fig.* 62) chez un homme qui n'est pas d'ailleurs dénué d'intelligence, telle sera, plus ou moins, son humeur, la malice de son esprit, la froideur de son âme, l'active sagacité de ses ruses.

Fig. 62.

Lorsque, dans un homme d'esprit, d'un caractère énergique, vous observerez assez près du centre de la ligne du milieu de la bouche (*fig.* 63 une ouverture qui, ne se fermant guère,

Fig. 63.

ou point du tout, laisse entrevoir une dent, même la bouche fermée d'ailleurs, c'est le signe d'une sévérité froide et sans pitié, d'une méchanceté dédaigneuse, insultante, et qui se plaît à faire du mal.

Une bouche pour ainsi dire sans lèvres, dont la ligne du milieu (*fig.* 64) est fortement tracée, et qui se retire en haut vers les deux extrémités, sous une lèvre qui, vûe de profil depuis le nez, paraît arquée,

Fig. 64.

une pareille bouche ne se voit guère qu'à des avares rusés, actifs, industrieux, froids, durs, flatteurs et polis.

LE MENTON. — Le menton court et fuyant est toujours un signe de faiblesse de volonté.

Un menton pointu indique la ruse, et il l'indiquera d'autant plus qu'il sera accompagné d'un nez recourbé.

Le menton carré et bien proportionné indique du sang-froid, du calcul, de la raison.

Le menton long est souvent le témoignage d'une grande présomption et d'une inertie résistante; en tout cas, d'un orgueil quelquefois justifié, quand les autres traits du visage indiquent la supériorité.

Un menton carré à sa base et qui avance est le signe de l'activité ambitieuse, de la témérité et de l'absence de scrupules.

Il y a de la cruauté dans les mentons à la fois longs, rentrants et fuyants.

Un menton gras, fort, avec une fossette, est le signe du besoin de jouissance, des goûts matériels; quand il est rond, il témoigne d'une sensualité pleine de douceur et de bonté; quand il est carré, il nous signale les jouisseurs ambitieux de fortune, sans trop de scrupules.

DEUXIÈME PARTIE

AVERTISSEMENT

« Le physionomiste qui, en l'honneur de la physiognomonie,
dit Lavater, soutiendrait qu'il ne se trompe jamais, ressemblerait au médecin qui, en l'honneur de la médecine, soutiendrait
qu'il ne lui meurt jamais de malades. »

Toute l'antiquité a raillé la laideur de Socrate. Pourtant, il
fut un sage. Et quand Zopyre, médecin fameux, prétendait
« qu'il était brutal, voluptueux et ivrogne », les disciples du philosophe sifflaient le physionomiste.

Et Socrate disait :

« — Cet homme a raison, j'étais porté de ma nature à tous les
vices ; mais l'exercice et la vertu ont corrigé ces faiblesses et
supprimé ces penchants. »

Donc, en parlant de nos contemporains d'après leurs visages,
nous nous garderons d'expressions affirmatives et, nous défendant d'être trop catégorique, nous répéterons souvent les mots :
tendance, prédisposition, inclination, quand il s'agira des penchants malheureux du caractère, et *menace* quand nous croirons
pouvoir prédire certains accidents possibles.

Nous serons d'autant plus réservé que nous n'avons à notre
disposition que de simples photographies et que, sauf quelques
rares exceptions, nous n'avons jamais vu les personnages du
cortège prestigieux que nous faisons défiler sous les yeux du
lecteur.

Or, en physiognominie, la couleur de la peau, des cheveux,
des yeux, et le son et l'inflexion de la voix sont d'importants
objets d'observation. A leur défaut, nous devons limiter nos
jugements. La photographie, d'autre part, avec ses déforma-

tions — il est vrai que nous savons en quelle proportion et comment elle déforme — nous a rendu assez difficile la détermination exacte du type géométrique. Bien que nous ayons, par habitude, pressenti les formes des visages, ces formes n'étant guère perceptibles au lecteur, nous nous bornons à indiquer les types planétaires.

Ainsi, nous nous déclarons sujet à l'erreur.

M. Francesco Crispi, l'homme d'État italien, dont la physionomie, par exemple, sans laideur évidente, n'annonce pas grand'chose de bon, pourra, comme Socrate, nous répondre :

« — Vous avez raison, ô physionomiste indiscret, mais l'exercice et la vertu ont corrigé ces faiblesses et supprimé ces penchants. »

Le R. P. Didon, dont le caractère est peu d'un moine, nous répondra de même. Et M. Alexandre Dumas fils aussi, dont l'aspect, sentencieux il est vrai et olympien, n'est pas celui d'un moraliste austère. Et M. Jules Simon, chez qui le convive aimable est plus évident que le philosophe ; et tant d'autres.

En dehors de ces réserves consciencieuses, — réserves de langage, de style et de pensée, — faites par respect d'une science que nous ne voudrions pas exposer au ridicule, nous avons agi très librement, car quiconque se crée une influence dans l'État ou se distingue et recherche la notoriété, quiconque enfin mène une vie publique, doit en avoir pesé toutes les conséquences.

« Le mur de la vie privée », percé de tant de fenêtres à rideaux soulevés par ceux-là mêmes qu'il abrite, est un obstacle illusoire que n'oseraient invoquer, je crois, des personnages qui, à l'instar de M. Francisque Sarcey, dont l'éloge n'est heureusement plus à faire, mettent à jour les plus menus incidents de leur existence, en somme assez ordinaire, et nous imposent sur autrui, en critiques influents, des opinions souvent hâtives ; ni M. Pierre Loti, dont nous avons eu en main une cinquantaine de photographies, prises dans son intérieur, sous tous les costumes, et qui manifeste là un besoin de se montrer qu'il serait cruel de ne point prendre en considération. Et quant à M. Coquelin !...

Parmi les femmes, quelques-unes de lettres ou musiciennes et deux reines exceptées, nous les avons choisies dans le monde

peu modeste du théâtre, leurs portraits traînant aux étalages
des libraires et des parfumeurs, en robes montantes moins souvent qu'en décolletées.

Avions-nous à craindre d'éveiller leur confusion?

Mais, je t'en prie, ô lecteur curieux qui vas te gausser des faiblesses des grands, mets tes yeux à l'envers et plonge au fond
de toi un regard sans défaillance. Peut-être n'es-tu pas non
plus l'homme parfait que le philosophe antique, pourvu de sa
lanterne, a cherché vainement? Oh! ne suppose pas que je sois
pessimiste. Non, car je veux croire que la lumière s'est faite
dans ton cœur depuis qu'Edison l'a répandue à profusion dans
la nuit. Aujourd'hui, le philosophe jetterait sa fumeuse lanterne
et te crierait : « Mon frère! »

Eh bien! vois cette humanité qui passe; elle est correcte, elle
a de la tenue, elle est en beaux habits. C'est qu'elle sort de chez
le photographe, où elle n'est entrée que pour se faire des visages
de dieux. Et toi-même, irais-tu chez Nadar s'il ne t'embellissait
pas?

LE CARACTÈRE SOLAIRE

De ce type, nous ne trouvons que trois personnages ; et encore d'eux d'entre eux ne présentent-ils qu'en second lieu les signes qui appartiennent à ce type. Ce sont M. Sadi Carnot et monseigneur d'Hulst, l'un avec la Terre, l'autre avec le Soleil.

M. Eugène Ledos, dont il fallait bien dire en partie le caractère, est le seul chez qui le Soleil domine.

Cette influence donne, on le sait, de la noblesse dans la pensée et dans les actions.

SADI CARNOT

Faut-il être un physionomiste consommé pour reconnaître dans ce visage le signe néfaste d'une fatalité tragique? Il m'a toujours semblé que M. Carnot eût l'air d'un « sacrifié ».

La rectitude, point du tout ridicule, de sa personne, — rectitude qu'à tort on a tant raillée, — indiquait qu'il était avant tout un homme de devoir, esclave du devoir, honnête.

Mais les yeux sont doux, le nez est sans brusquerie; le cœur est faible, le cœur a des habitudes dont il ne peut se défendre. C'est bien plus un homme qui s'attache par habitude que par élan; il n'y a aucune vivacité dans ce visage.

Un tel homme, avec une apparence d'énergie (les sourcils sont marqués fortement), ne saura, à cause de son cœur, se séparer d'amis compromettants; il écoutera les conseils de sa femme, pourra même être conduit par elle; il sera indulgent, faible avec ses enfants, et, toujours par habitude du cœur autant que par devoir, il gardera la foi conjugale.

Le front est beau, sans caractère particulier : pas de très grands moyens, pas de conceptions larges, mais homme appliqué au travail, et retenant bien, et tirant bon parti de tout ce qu'il apprend.

Simple, familial, casanier même, mais désireux d'honneurs et en supportant péniblement les exigences. Beaucoup de respect humain, sensible à l'opinion publique, souffrant secrètement des critiques.

Plus de résignation que de vrai courage dans le devoir. Paris révolté, les pouvoirs publics mis en danger, M. Carnot n'eût point déserté, il serait mort à son poste. (Quand viendra le tour

Sᴀᴅɪ CARNOT, né à Limoges le 11 août 1837.

Ph. Boyer.

de M. Casimir-Perier et celui de M. Félix Faure, nous dirons leur conduite en pareille occurrence.)

Pour n'avoir pas été très supérieurement doué, M. Carnot, par son honnêteté et l'excellence de ses intentions et sa fidélité au devoir, n'en méritait que mieux, dans notre République, une situation haute et chanceuse... qui l'a conduit à une mort fatale, selon sa destinée.

Avec un caractère loyal et résigné, l'idée d'être trop bien défendu contre les attentats, de ne pouvoir faire une promenade sans un entourage de policiers, sans une barrière de soldats, devait absolument lui répugner.

Un patriote par *attachement* au sol qui l'a vu naître, comme d'autres sont patriotes par amour de la gloire, ou d'autres encore par vulgaire intérêt.

MONSEIGNEUR D'HULST

SATURNE ET LE SOLEIL

Cette physionomie apparemment froide et calme cache une nature impressionnable, irritable et inquiète. L'extérieur est

Mgr d'HULST, né à Paris en 1841.

Ph. Camus.

habilement composé. Monseigneur d'Hulst ne se laisse pas aisément pénétrer, il est sur la défensive. Chez lui, la rigidité, l'austérité et la fierté sont de surface. Il y a en lui un fonds de sentimentalité et de tendresse qui sommeille. Un homme qui lui ressemblerait absolument, avec ses yeux longs et abaissés des coins extérieurs, pourrait avoir eu dans sa vie un grand amour malheureux. Monseigneur porte sur son visage un deuil de cœur, enfoui, caché. D'ailleurs, ses affections ne sont en général pas heureuses.

Nous le voyons concentré, réservé; pourtant, il est d'apparence expansive dans la très grande intimité. Avec certains familiers, il doit même se laisser aller à des plaisanteries qui semblent gamines, puériles, se livrer à des paroles et à des mimiques qui font dire : « Oh! l'homme simple et charmant! Je ne le croyais pas comme ça. » Mais, disons-le, bien qu'il y ait là l'indice du désir sentimental d'être sympathique, d'être aimé, ces attitudes sont voulues et non naturelles. C'est afin de dérober une foncière amertume.

Comme prêtre, il est plus religieux par la raison que par le cœur. Bien que sa croyance soit solidement fondée — croyance de théologien — il est secrètement torturé par le doute et en lutte perpétuelle, avec lui-même; car douter est un penchant de sa nature, comme croire un besoin de son intelligence dogmatique.

Comme homme, il garde le souvenir des offenses et ne les pardonne guère; il aurait même de l'inclination à s'en venger. Chrétien, il sacrifie à son caractère et en écarte le souvenir. On sait que Saturne est avare, mais le Soleil est magnanime et donne par esprit de grandeur et de noblesse. L'un corrige l'autre.

Bien que, de sa nature, il soit extrêmement impressionné par l'idée de la mort, s'il le fallait, il irait au martyre sans défaillance, avec ces grands airs et cette dignité qui viennent du Soleil.

EUGÈNE LEDOS

LE SOLEIL, MERCURE, SATURNE, JUPITER

Le Soleil et Mercure priment, Saturne vient ensuite, puis
Jupiter un peu. Je vous recommande de porter votre attention

Eugène LEDOS, né à Paris en 1822.

sur les yeux étonnants de M. Ledos ; et, si vous en avez rencontré beaucoup de cette acuité chez des hommes de soixante-
treize ans, ayez l'obligeance de m'en faire part. C'est une com-

binaison de l'œil dominateur et fascinateur du type solaire avec la vivacité térébrante de l'œil de Mercure.

L'homme de ce visage, en dehors de toutes ses qualités intellectuelles de pénétration qu'il doit à l'alliance du Soleil (la hauteur), de Saturne (la profondeur), et de Mercure (l'inspiration), est extrêmement sensible, nerveux et actif, autant physiquement que d'imagination. Il est irritable et se possède. Jupiter en fait un familial et combat les trois indépendances réunies du Soleil, de Mercure et de Saturne.

Le front est mystique, l'œil est vivement observateur, c'est-à-dire sollicité par le spectacle des choses, le bas du visage est énergique et indique des facultés défensives dans les luttes de la vie. Le nez est autoritaire.

Quarante années d'observations quotidiennes, de constante fréquentation des âmes, ont déposé un peu d'ironie sur cette face.

M. Ledos est un homme religieux qui attend paisiblement que la mort lui tende la main pour le mener ailleurs. Il croit en la vie future.

La nature fut envers lui généreuse. A des dons rares de l'esprit il joint un corps robuste.

Il faut ajouter à ce portrait ce que j'ai dit ailleurs, au début du livre, du maître ès science physiognomonique.

LE CARACTÈRE JUPITÉRIEN.

Le caractère de Jupiter est dominant chez MM. Bertrand, Alexandre Dumas fils, Félix Faure, Jules Simon et Émile Bergerat. Bien que la Lune domine chez M. Francisque Sarcey et la Terre chez MM. Henri Brisson et Charles Dupuy, ce caractère est tout de même trop évident chez eux pour les omettre dans cette série.

Jupiter parle avec autorité, une autorité quasi paternelle, et son propre est de « présider ». Or je ferai remarquer que M. Bertrand préside, comme secrétaire perpétuel (section des sciences mathématiques), aux destinées de l'Académie des sciences; que M. Dumas préside dans l'Art dramatique, comme, en face de lui, M. Sarcey préside dans la Critique également dramatique, ce qui est bien différent; que M. Jules Simon a tout présidé; que M. Brisson est président de la Chambre; que M. Félix Faure tient la suprême Présidence; que M. Dupuy est un président en disponibilité, et que M. Bergerat attend impatiemment quelque fauteuil présidentiel.

L'aspect olympien est quelque peu assombri, chez M. Bertrand, par un Saturne très influent.

Chez M. Dumas, l'olympisme, si j'ose dire, prend de la violence, ou tout au moins de l'arrogance, à cause de Mars.

La Lune, qui donne de la « bonasserie », fait de MM. Félix Faure, Jules Simon et Francisque Sarcey, des Olympiens bonhommes. M. Bergerat a bien aussi un air « bonasse », mais Mars, qui se mêle à la Lune et à Jupiter, lui fronce le sourcil et l'avantage d'un peu de rage insolente.

Quant à M. Brisson, la Terre le rend grave et lui défend de sourire. Elle renfrogne M. Charles Dupuy.

On retrouvera, dans des portraits qui suivent, un peu du type jupitérien : MM. Pasteur, Humbert, Puvis de Chavannes, Edward Grieg, Alfred Naquet, Jules Lemaitre, Édouard Drumont ; et chez M. Gladstone, Henrik Ibsen, le prince de Bismarck, M. Frère-Orban, l'amiral Gervais et Eugène Ledos.

JOSEPH BERTRAND

DE L'ACADÉMIE FRANÇAISE

JUPITER ET SATURNE

M. Joseph Bertrand, de visage, est carré. Dans les sphères élevées de l'intelligence, le type carré indique des aptitudes mathématiques… ou musicales. A ce propos, M. Théodore Ribot, du Collège de France, attirait un jour mon attention sur ce point : que, dans les faits connus de l'atavisme, on trouvait des musiciens dans la descendance des mathématiciens, et réciproquement. Si le lecteur a présents à la mémoire les visages de Bach, Beethoven, Schumann, Wagner, qu'il le constate. Et qu'il voie plus loin Edward Grieg. Jules Massenet approche du type triangulaire.

JOSEPH BERTRAND,
né à Paris en 1822.
Ph. Gerschel.

Lorsqu'on observe, dans une physionomie très intelligente du type carré, des yeux à moitié recouverts par la paupière supérieure — tels sont les yeux de M. Bertrand — c'est le plus sûr indice d'un caractère de penseur profond dans l'abstraction. Dans une face allongée, ovale, cela montre une âme rêveuse et imaginative; quand le type est triangulaire, une double aptitude à la rêverie imagée et à la pensée abstraite. L'œil de l'observateur, c'est-à-dire de l'homme qui ne pense que lorsqu'il voit matériellement, est droit.

M. Bertrand, on le sait, est un profond penseur. C'est un laborieux qui travaille plus dans la méditation que dans le travail écrit. Un esprit jamais en repos. Persévérant, poursuivant avec ténacité le problème cherché, ne le quittant que résolu ou ne l'abandonnant qu'avec la certitude absolue qu'il est insoluble. Très grande persévérance.

Conservateur. Respectueux de l'autorité, de la hiérarchie. Ambitieux qui ne se remue pas, qui arrive par le concours des autres.

Stable dans ses amitiés, mais point du tout démonstratif. Dans la vie conjugale, se laissant facilement dominer, tout en conservant des habitudes d'existence retirée, vivant chez lui à l'écart de l'épouse. Sociable, mais appréciant beaucoup la solitude du cabinet de travail. A vrai dire, ni cœur, ni enthousiasme : une intelligence.

M. Bertrand est un grand raisonneur et, quoique son incertitude en fasse un douteur, ce n'est point un esprit matérialiste. Il est peut-être apparemment un positiviste ; mais, secrètement, il inclinerait du côté contraire. Au fond, religieux ; et n'osant pas se montrer tel. Jupiter a du respect humain, mais il est attaché à tout ce qui est tradition, éducation et depuis longtemps établi. Je ne dis pas qu'il soit mystique, oh ! non.

M. Bertrand appellera le prêtre à son lit de mort.

De l'orgueil, bien entendu, comme en tout Jupitérien ; et de l'orgueil qui se manifeste extérieurement, presque avec naïveté.

ALEXANDRE DUMAS Fils (*)

DE L'ACADÉMIE FRANÇAISE

JUPITER, MARS ET SATURNE

Jupiter et Mars, rencontrés dans le caractère de l'illustre auteur dramatique, nous expliquent comment son œuvre est à la fois sentencieuse et combative.

Ni Jupiter ni Mars ne sont vraiment austères; et le moraliste, en Alexandre Dumas, serait né surtout d'un besoin d'attitude. Le fonds est d'un jouisseur, comme l'indique le visage.

Alex. DUMAS fils,
né à Paris le 19 juillet 1824.
Photograhie prise vers 1860.

Ph. P. Petit,

Il est possible qu'un jour, en analysant minutieusement l'œuvre, on s'aperçoive que la philosophie, malgré la forme apparemment claire de l'écrivain, en est confuse, incertaine et venant plus d'un abus du raisonnement — le raisonnement jusqu'au vertige — que d'une sincère droiture d'âme. Il fallait à M. Dumas des thèses à soutenir — et j'entends des thèses à effet, — qui pussent lui permettre d'exercer et son tour de sentence et ses velléités de lutte.

Mars, il faut bien le dire afin que l'on comprenne le sens de

---

(*) Le manuscrit de ce livre a été remis à l'éditeur antérieurement à la maladie et à la mort de M. Alexandre Dumas fils. Sa mort par le cerveau et ses tristesses noires, que nous a révélées une chronique de M. Philippe Gille, confirment les indications de ce portrait.

ce caractère, est véhément et affirmatif jusqu'au péril même de ses succès. Aussi, à cause d'une association avec le prudent Jupiter, le voyons-nous ici perdre de sa bravoure et de ses audaces pour ne plus nous montrer qu'un lutteur amadoué et prêt à la conciliation. Des mots, des paroles dégagées, mais beaucoup de réserve tout de même.

Si Mars et Jupiter se contrarient en certains points, ils s'unissent étroitement en d'autres. Jupiter a du respect humain et de la vanité ; Mars, du mépris et de l'orgueil. Additionnez. Jupiter est avide d'honneurs, afin d'étonner le monde ; Mars a tant d'orgueil qu'il les dédaigne. N'additionnez plus, soustrayez et vous aurez : avidité d'honneurs, recherche de tout ce qui peut

ALEXANDRE DUMAS fils,
en costume d'intérieur.

Ph. Benque.

avoir l'air d'élever un homme au-dessus des autres, — et, au fond, dédain de ces honneurs et un peu de honte de les avoir brigués.

Jupiter, ici, dans sa crainte de se faire des ennemis, l'emporte sur Mars qui les provoque. En dépit d'un aspect formidable, de la prudence, plutôt peureuse dans le danger matériel comme dans le danger littéraire.

Œil d'observateur. Ce sens est particulièrement développé : jouissance par la vue. Voyez comme le regard a quelque chose de complaisant, de satisfait.

Saturne apparaît ici malencontreusement. Le Saturne des jouisseurs est plus amer que tout autre ; le noir qu'il broie est épais. Mécontent et désabusé, voilà qui surprend chez un homme de talent qui a tout possédé,..... mais qui n'a pas véritablement joui.

Très obsédé par l'idée religieuse, tourmenté par l'Au-delà menaçant, M. Dumas ne saurait pas être un croyant et, sombrement désireux de s'abstraire dans la religion, il hésite.

Dans le mariage, se comportant en célibataire.

Afin de bien prouver

ALEXANDRE DUMAS fils,
en ces dernières années.

Ph. Pirou.

que les prédictions ne sont pas fatalement réalisables, nous eussions annoncé à l'auteur célèbre, dont les pièces ont encore tant de succès, des dangers de folie, ou tout au moins de troubles cérébraux, si, au lieu de faire son portrait physiognomonique aujourd'hui que ces dangers semblent écartés, nous l'avions esquissé il y a une vingtaine d'années seulement.

FÉLIX FAURE

PRÉSIDENT DE LA RÉPUBLIQUE

JUPITER, SATURNE ET LA LUNE

M. Félix Faure — regardez bien — ne doute ni de ses talents, ni de l'irrésistibilité de sa personne. Il est heureusement doté d'une étrange confiance en lui. C'est un homme d'esprit pratique, dénué du moindre sentiment artistique. Il visite officiellement les Expositions sans cette curiosité qui, de nos jours et dans ces bazars de l'Art à tous les prix, exciterait un Léon X ou un François Ier à des découvertes heureuses.

Je rappelle, pour entretenir la mémoire, quelques traits généreux du caractère jupitérien : respect humain, prudence, esprit de conservation, prosaïsme, amabilité.

L'homme a horreur de la solitude; il se plaît dans la société où il s'efforce, avec tact, à briller et y parvient aisément. Il a le don d'amener les gens à lui. Sa fierté n'exclut pas la familiarité; celle-ci serait même chez lui plus naturelle que sa fierté, qui est d'apparat. Sa bienveillance et son air d'honnêteté exercent une grande influence. Cette honnêteté est foncière. Il est loyal, a le culte de la parole donnée, aussi ne promet-il pas légèrement; il sait éconduire avec grâce. Il aime à récompenser les méritants et ceux qui l'ont obligé et le servent fidèlement; il le fait de plein cœur, sans regret. Bienveillant et généreux avec ses plus humbles serviteurs. Il aime l'argent et il est économe, point du tout avare ; pour faire plaisir et un peu par présomption, il incline plutôt du côté de la prodigalité. Il bénéficie d'un sens avisé des intérêts matériels de la vie. C'est un administrateur actif et habile. Beaucoup d'ordre. Il s'entend admirablement à gouverner ses affaires personnelles, à faire fructifier son avoir. Très bon dans son intérieur. Un père toujours

M. Félix FAURE, né à Paris le 30 janvier 1841.

Ph. Pirou.

vaincu par les caresses. Modérément porté aux plaisirs sensuels de la chair, il préfère les plaisirs plus banals de la bonne chère. Dévoué à ses parents. Esprit de famille. Il a le respect de lui-même et d'autrui. Il est assez optimiste. Tenace dans ses ambitions, comme en affaires, — il est de ceux dont les amateurs de mauvais langage disent : « C'est un homme rond et carré en affaires. » Il y mêle un peu de ruse. Fidèle dans ses amitiés. Indifférent en religion ; ne pensant point à la mort.

Comme homme politique et comme chef d'État, il a toute la modération de Jupiter ; il craint les innovations, bien que, par respect humain, il ne veuille point paraître trop arriéré. Il est incapable de faire face aux situations vraiment difficiles qui nécessitent une forte dose d'énergie, de volonté et de résolution. Il a du bon sens, du jugement, mais pas de prévision : l'homme du présent. Facilement grisé par les honneurs, il serait capable pour les conserver de transiger, le cas échéant, avec sa loyauté foncière. Mais dans le péril, et reculant par nature devant une répression sanglante, il trouverait un prétexte adroit pour se retirer avec prestige. Il aime jouir des honneurs en repos et ne serait pas homme à sacrifier son bien-être, encore moins sa liberté et sa vie, à la défense de ses opinions politiques. Et quelle contradiction ! N'ayant rien du faiseur de coups d'État, il souffre de son rôle borné. L'orgueil ! — Cet homme tranquille est menacé par la prison.

Sur sa tombe, on pourra inscrire :

BON PÈRE, BON ÉPOUX, BON AMI

BON CONVIVE

IL FUT EN OUTRE

BEAU PRÉSIDENT DE LA RÉPUBLIQUE

R. I. P.

JULES SIMON

DE L'ACADÉMIE FRANÇAISE ET DU SÉNAT

JUPITER, LA LUNE ET SATURNE

M. Jules Simon est un homme paisible, dont l'intelligence prime considérablement le caractère. En rappelant que ce fut aussi le cas de Montaigne, je pourrai donc, après avoir installé l'illustre académicien en si bonne compagnie, presque tout dire.

Le vieil écrivain bordelais abandonnant sa ville. où il occupe la première place, parce que la peste ou le choléra la contamine, n'est peut-être pas une histoire absolument prouvée, mais elle est vraisemblable. Sa bonhomie et sa finesse d'esprit sont suspectes. Grand écrivain et poltron fieffé. Chez les hommes dont la supérieure intelligence est clairvoyante et l'observation sûre, la finesse, certainement, cache un fonds de couardise.

On ne pourrait pas affirmer que M. Jules Simon a de bons ni de grands sentiments, mais on ne se trompera pas en disant que son intelligence large et haute en conçoit la beauté. La sagesse, c'est la conformité des actes aux idées. Les idées

JULES SIMON,
né à Lorient le 27 décembre 1814.
Photographie prise vers 1860.

Ph. P. Petit.

du sénateur, ancien ministre, valent mieux que ses actes. Enfin, ses idées ne sont que l'ornement d'une vaste intelligence instruite. Je vous le donne pour le type de l'homme peureux, qui est du parti de tout le monde, qui n'ose pas contredire énergiquement et qui se dérobe, devant le danger, dans une attitude conciliatrice, habilement préparée, tout en gardant secrètement,

JULES SIMON,
en ces dernières années.
Ph. Pirou.

sans que rien puisse l'entamer, une opinion ancienne, mûrie, conforme à son jugement. Vous voyez bien que sa modération n'est pas de la sagesse, puisque son jugement dans tout cela est sacrifié. Une ruse fine, quotidiennement exercée et aiguisée par obéissance à une nature pusillanime, en fait un parleur, un discoureur plein de prestige et d'autorité. Sa personne a du rayonnement, d'ailleurs, et séduit par un côté bienveillant et paterne.

La bouche n'est pas tout à fait bonne; il eût aimé se venger manuellement et terriblement des injures. En cas de révolte — je le suppose au pouvoir, comme ce lui est arrivé — il se retirerait à la campagne pour y méditer philanthropiquement, après avoir donné l'ordre d'être sans pitié envers les insurgés. Dans cette cruauté, il y aurait encore de la peur. Méditation philanthropique et vengeance indirecte, voilà des traits bien contradictoires du caractère de M. Jules Simon.

Avant d'être un philosophe, il est un égoïste qui tient à son bien-être. Le bien-être de la table, jusqu'au superflu, lui est particulièrement agréable. Convive aimable, que la succulence des plats met en verve. Comme M. le Président de la République, c'est encore un sensuel de l'estomac. Faut-il annoncer qu'il est plus ambitieux d'honneurs que de gloire?... Sous ce rapport, il fut comblé et, pourtant, il aurait une tendance à se plaindre dans l'intimité. Les yeux et le nez sont, comme on dit couramment, d'un « pleurard ».

Charmant avec les siens, c'est un maître doucereux qui obtient
les choses par des raisonnements et qui domine sans en avoir
l'air, tout en vous prenant les mains et en vous disant :

« — Oui, oui, je le sais, tu as raison,... mais... »

On ne saurait avoir de l'admiration pour M. Jules Simon et
son caractère, mais le respect leur est dû. Personnalité respec-
table. Les hommes de ce type ne suscitent pas les grands
enthousiasmes, mais ils inspirent une confiance et ont un
empire familier d'où leur vient toute leur chance, qui est prodigieuse.

ÉMILE BERGERAT

AUTEUR DRAMATIQUE

JUPITER, LA LUNE ET MARS

ÉMILE BERGERAT,
né à Paris le 29 avril 1845.
Ph. Reutlinger

Toutes les vertus jupitériennes sont dévolues à M. Émile Bergerat, auteur dramatique malheureux, mais chroniqueur renommé. Il a l'amour-propre et la confiance en soi à un degré suprême; l'influence de Mars fait cet amour-propre et cette confiance assez bruyants. Il a la plume batailleuse, agressive et défensive, parfois un brin méchante. Dans son privé comme dans la vie du dehors, il est, la plume reposée, un homme pacifique qui n'aimerait guère qu'on lui offrît, pour combattre, d'autres armes que quelques épithètes aiguës. Sans ce Mars, son caractère et ses talents seraient peu différents de ceux de M. Francisque Sarcey.

Est-ce l'aspect d'un homme profond? Personne ne me croirait si je l'affirmais. De la finesse et de la facilité, voilà son lot. C'est de plus un honnête homme, gourmand, ambitieux, susceptible, dont les colères fusantes ne sont pas terribles, — bavard dans la colère. Amertume familière et naïve. Les honneurs lui feraient infiniment de plaisir, et l'argent, s'il tombait à profusion dans ses coffres, le comblerait de joie non dissimulée. Sa bourse, néanmoins, resterait fermée aux amis par trop dépourvus de métal bien sonnant. D'ailleurs, un tel homme a de nombreuses amitiés de surface, peu d'intimes.

On le craint, et il ne s'en doute peut-être pas.

Qu'il se méfie des jeux de hasard et des spéculations de Bourse.

Esprit prosaïque et sceptique par nature, avant toute réflexion.

FRANCISQUE SARCEY

CRITIQUE ET JOURNALISTE

LA LUNE ET JUPITER

FRANCISQUE SARCEY,
né à Dourdan en 1828.

Ph. Pirou.

L'épicurien! Bien vivre et laisser dire...

S'il m'arrive dans la suite, avec quelques-uns de nos contemporains célèbres, de m'écarter parfois du sentier banal du Sens Commun, que je me hâte de profiter de ses ombrages, tandis que la compagnie de M. Sarcey m'y oblige.

Son visage se passe aisément de commentaire. Personne n'a jamais douté, en présence de l'influent critique du *Temps*, qu'il se trouvât en face d'un heureux homme, jouisseur et familier comme son « style », qui aborde le lecteur en négligé, comme au saut du lit, sans préparation.

M. Sarcey est le type du Jupiter allumé et vous voyez, comme moi, dans ses yeux souriants et pleins d'appétit, ce quelque chose qu'en son langage il qualifierait lui-même de « paillard ».

Mais de la paillardise à froid, sans emballement, sans passion ; de la paillardise avec du bon rire franc et tout en songeant à l'équilibre de sa santé. Ce qui prouve bien que la physiognomonie n'est pas une science sûre, c'est qu'il est végétarien et que son visage nous le dirait gourmand, — à moins que le végétarisme ne lui soit imposé par quelques embarras trop gastriques.

Sans convictions profondes ou hautes, il a pourtant des opinions très arrêtées dans les petites choses. Pas penseur, mais grande facilité de travail ; il a le sentiment de la forme et a horreur de tout ce qu'il ne pénètre pas aisément.

Malicieux et taquin, sans méchanceté aucune, mais capable de se venger de ceux qui le froissent dans son amour-propre, qui est considérable.

Il aime par-dessus tout sa tranquillité.

L'indépendance l'éloigne des honneurs, que personne cependant ne songerait à lui disputer et qu'il mérite autant que d'autres.

Est-il nécessaire d'analyser tous les traits de ce visage de meunier Sans-Souci, débitant en son moulin une farine un peu grosse ?

HENRI BRISSON

PRÉSIDENT DE LA CHAMBRE DES DÉPUTÉS

LA TERRE ET JUPITER

> Considération ! considération !
> Ma seule passion ! ma seule passion !

Ces vers étonnants qui riment partout, au milieu et à la fin, sont, je crois, bien que les plus mauvais de la langue française, les meilleurs dont M. Camille Doucet, sous le règne de Louis-Philippe, ait eu l'inspiration. (Inspiration ! inspiration ! etc...) Et M. Camille Doucet, qu'on appelait aussi « Camomille Doucet », est cet immortel dont la Mort a triomphé récemment. Mais il s'exhale tout de même de ces deux vers quelque chose d'humain, puisqu'il me semble entendre M. Brisson, d'une voix confidentielle et grave, les sortir de son cœur avec toute la précaution (précaution ! précaution !) que l'on prend à extraire un trésor d'une cachette. C'est en effet le secret de sa nature.

M. Félix Faure, M. Jules Simon, M. Alexandre Dumas lui-même, tiennent à être considérés ; chez M. Henri Brisson, le besoin de considération est une véritable passion, qui a l'avantage, sur d'autres, de favoriser les succès d'une carrière au lieu de les compromettre. D'une honnêteté qui ne se contente pas d'être honnête, il en a voulu avoir la réputation ; et ce qu'il a le plus craint au monde, c'est de se compromettre. Il tient absolument à passer pour un esprit conciliant et il se poserait volontiers en arbitre de tous les débats. Lors des événements de Carmaux, comme il a dû jouir de la proposition d'arbitrage entre ouvriers et patron qu'on lui fit et qu'il fut obligé, hélas ! de refuser. Les moyens violents lui inspirent de l'horreur et il est personnellement incapable de les appliquer ; mais, sectaire à froid, il saurait, sans s'exposer, y exciter les autres. Quant aux conces-

sions et aux tripotages financiers, il est à l'abri de tout soupçon.
En ce qui concerne la stratégie politique, il n'a ni la franchise,

ni la sincérité qu'on lui suppose; sa loyauté politique est douteuse, il cache des manœuvres habiles sous des dehors de désintéressement.

Il ne manque pas de cœur, bien qu'il y ait dans ses attachements autant d'habitude que de sentiment. C'était aussi le cas de M. Carnot, dont il se rapproche dans la communauté du type terrien. Un peu grognon dans son intérieur.

Qu'il garde — et il la gardera parce qu'il la mérite — sa réputation d'austère honnêteté et qu'on lui accorde de l'« importance », ce sera un homme heureux. Son intelligence est ordinaire et son ascension

HENRI BRISSON,
né à Bourges le 31 juillet 1835.
Ph. Ladrey-Disdéri.

politique a dépassé la hauteur de ses moyens. Mais Jupiter a la
chance et il « trône ».

Il n'a ni le flair, ni la perspicacité du bon politique, du véritable homme d'État.

CHARLES DUPUY

ANCIEN MINISTRE

— —

LA TERRE ET JUPITER

CHARLES DUPUY,
né au Puy le 5 novembre 1851.

Ph. Braün et Cie.

Sancho Pança. Il a tout l'orgueil de Jupiter, sans sa familiarité ; mais la Terre, chez M. Dupuy, est mauvaise, et il en a presque tous les défauts sans en avoir les qualités.

Sa bonhomie est fausse ; elle cache un homme opiniâtre et brutal, un épouvantable égoïste, un ambitieux excessif, sans scrupules, sans générosité d'âme. Des idées ni larges, ni hautes : du gros bon sens.

L'homme des secrètes intrigues avec des apparences de franchise. Étrangement confiant en son crédit. Son propre intérêt le guide en tout, il est même capable de s'indigner qu'on soupçonne ses manœuvres. Des colères mauvaises. Ne mettez pas obstacle à ses entreprises, c'est un ennemi terrible qui ne pardonne pas le tort matériel qu'on lui fait ; vindicatif, jaloux et envieux des succès d'autrui. De s'être cru à portée de la grande Présidence, il n'est pas impossible qu'il ait voué une haine fatale à M. Casimir-Perier, qui n'était pas de force à lutter avec lui.

Sans générosité d'âme, il est large avec ses amis et les siens, serviable envers ses créatures, fidèle envers ceux qui le servent dans ses succès et qui favorisent sa fortune. Dévoré à un tel point par l'ambition du pouvoir et si fertile en expédients habiles et souterrains qu'on peut s'attendre à le revoir dans les hautes sphères d'où il est aujourd'hui descendu.

Il est souple devant les forts, féroce avec les petits; méchant et sanguinaire dans la répression. Manque de courtoisie avec les femmes qui lui ont accordé leurs faveurs.

Son type animal est le bison.

LE CARACTÈRE VÉNUSIEN

Il se trouve que nous pouvons offrir au lecteur une douzaine juste de Vénusiens. Fréquemment, presque toujours, les individus de ce type ont une chance bien supérieure à leurs mérites intellectuels. Le charme des Vénusiens n'a rien de la bienveillance solennelle et familière des Jupitériens; ils ont de la grâce dans la séduction, une amabilité enjouée, qui n'en impose pas.

L'influence de Vénus a le danger de mettre un peu de mollesse dans le caractère; quand elle y met de la passion, le caractère prend de l'intensité, mais celle-ci, malheureusement, se dépense en plaisirs mondains plus souvent qu'en action fertile. Les Vénusiens sont faibles dans beaucoup de circonstances. Mais d'autres influences associées peuvent combattre celle de Vénus.

Le général Boulanger, S. M. Nicolas II, empereur de Russie; MM. Léon Bourgeois, Joséphin Péladan, Alphonse Daudet, Jules Massenet, Georges Clémenceau, Jean Jaurès, Alph. Humbert, Camille Flammarion, Camille Lemonnier, Mirman sont, en premier lieu, du type vénusien.

Nous rencontrons encore ce type, en second ou en troisième lieu, chez S. M. Léopold II, chez MM. de Mun, de Cassagnac, Zola, et chez l'auteur du présent livre.

GÉNÉRAL BOULANGER

ANCIEN MINISTRE DE LA GUERRE

VÉNUS ET SATURNE

L'habitude de trente années de commandement a donné à ce visage une apparence d'énergie et de décision qui ne sont pas

Général BOULANGER, né à Rennes le 29 avril 1837.

Ph. Nadar.

des traits fonciers du caractère. Ceci est très fréquent chez les officiers ayant atteint un certain âge.

Énergie militaire, décision martiale, c'est-à-dire énergie professionnelle et décision par nécessité et par dignité de chef. Courageux par ambition, pour l'avancement.

Dans les affaires civiles, aucune initiative, indécision absolue, — comme dans les choses du cœur. Il aurait pu, par ambition, avec une direction précise imposée, être l'excellent auxiliaire d'un parti ; en être le chef était au-dessus de ses forces.

Au fond, un mélancolique sans aucune confiance en soi, se grisant d'hommages rendus et se trompant lui-même. Autant de vanité que de faiblesse du cœur. A la merci de qui devait savoir le prendre...

A juger comme homme, il mériterait l'estime et la sympathie. L'Histoire aura seule le droit d'être sévère.

Vénus, planète aimable, ne fait souvent le succès de ses enfants que par le charme dont elle les dote. C'est pour le général Boulanger que cela est surtout vrai.

Un homme séduisant : il avait capté les cœurs.

LÉON BOURGEOIS

VÉNUS ET SATURNE

Un homme sympathique et cordial, qui exerce une grande influence dans l'amitié. Ses amis sont nombreux et dévoués, et,

Léon BOURGEOIS, né à Paris le 21 mai 1851.
Ph. Pirou.

excellent camarade lui-même, serviable et généreux, il doit vraisemblablement sa réussite à la camaraderie. Seul, sans appui, un tel homme ne fût point sorti de l'ombre. La domination de Vénus sur le caractère est d'ailleurs propice à ces sortes de succès d'arrivée dus à des amitiés nombreuses ; à moins, toutefois, que Vénus ne soit contrariée par Mercure, l'indépendant, ou Mars, l'agressif.

Dans l'intelligence, ni profondeur, ni hauteur, ni création en rien ; mais de la facilité d'assimilation, un esprit méthodique et doctrinaire avec une tendance plus théorique qu'active, et, dans le raisonnement, plus de forme que de fond, plus d'ordre que d'idées. On dirait volontiers de lui, si ce n'était abuser du mot, qu'il est philosophe. Il tient fortement aux principes qu'il a adoptés, sans être cependant capable de les défendre jusqu'au sacrifice de son bien-être et de sa vie.

Bien qu'il soit intrigant et patient dans ses manœuvres, et même habile, il n'est pas de ces politiques qui ne sont jamais pris au dépourvu. Influent dans l'amitié, il n'a pas le don de remuer les masses.

Il n'a ni ces audaces, ni ces décisions subites, qui parfois sauvent un pouvoir en péril. Son énergie et sa volonté manquent de persistance quand il s'agit d'affronter, dans des situations difficiles, des adversaires tenaces. Par contre, il est persévérant dans la poursuite de ses ambitions. Poussé par elles, il devient également, sans disposition naturelle, un travailleur. Car son naturel est d'un viveur et d'un jouisseur, mais avec de la prudence et en sachant ménager ses forces.

Impuissante aux héroïsmes, son âme n'est point remuée par de grandes passions ni par de grands sentiments ; et, quoique égoïste, il a un bon cœur, même un cœur faible qu'on n'implorerait pas en vain. Mais, politiquement sectaire, du fond de son cabinet, loin des spectacles attendrissants, il saurait être dur à froid, sans remords ; le désir d'assurer son repos entrerait aussi en compte dans cette façon répressive d'agir.

Dans la vie privée, homme de très grande honnêteté, il est sujet à défaillir, le cas échéant, par faiblesse et non par calcul, dans la vie politique. Sa loyauté est douteuse dans les circonstances où, homme peu aventureux, il y aurait un intérêt personnel à se ménager une porte de sortie.

Par un fâcheux retour des choses, il est en danger d'être perdu
par ses amis et menacé jusque dans sa liberté. Sa chance n'a
pas de durée.

Les hommes qui ont de la ressemblance avec M. Bourgeois
ne sont pas rares. Leur fréquentation, dans la vie ordinaire,
est très agréable ; ce sont des amis fidèles, des causeurs inté-
ressants, des compagnons de plaisir dépensiers. Par leur entre-
mise, on trouve des situations lucratives, ils vous font profiter
de leur chance. Quant à eux, ils sont joueurs — joueurs malheureux — et, hommes à nombreuses bonnes fortunes, ils sont malchanceux dans leurs amours sérieuses. La vieillesse, la déchéance
physique les surprennent prématurément ; ils deviennent amers,
sombres, solitaires et, ayant perdu les forces et le charme, ils
tombent généralement dans les plus cruelles adversités et meurent oubliés et obscurs, souvent après s'être un moment élevés
aux plus hautes situations. Ils ne laissent point de trace de leur
passage.

Mais ils ont vécu tout de même, et bien. Et que de gens accep-
teraient l'éventualité de la chute pour la certitude d'un succès,
fût-il éphémère !

S. M. NICOLAS II

EMPEREUR DE RUSSIE

VÉNUS, SATURNE ET LA LUNE

Vénus beaucoup, Saturne assez, la Lune un peu. Le jeune tzar ne vit que par le cœur. Un affectueux, un tendre, un doux, un voluptueux. D'apparence réservé dans le cérémonial officiel et dans les relations de cour, il est d'une expansion aimante dans l'intimité. Un amoureux démonstratif, mais démonstratif sans violence, à voix basse, en chuchotant. Dominé quand il aime ; et il aime éperdument. Il est fidèle et dévoué dans ses amitiés, sans démonstration toutefois, car il n'en manifeste qu'en amour. Il vénère sa famille, adore les siens. La petite grande-duchesse Olga sera choyée par un père faible. Il est très sensible, très enclin à la pitié et au pardon pour les offenses personnelles.

Une nature excellente, droite et simple, facile à duper et ne s'apercevant pas qu'on exploite sa naïve bonté. Si S. M. Nicolas II n'était fils d'empereur et héritier d'une belle couronne, Elle serait, dans la vie ordinaire, à la merci des exploiteurs et incapable de lutter pour l'existence.

Ses moyens intellectuels sont assez limités. C'est un méditatif dont la pensée ne s'étend qu'aux choses sentimentales, un rêveur aux rêveries vagues, une âme émue qui sent vivement, sans démêler les causes de ses émotions.

Pacifique, il désire sincèrement le bonheur de ses sujets, mais il subit les tutelles, malgré un fonds de fidélité à ses opinions qu'il n'a pas la force de défendre jusqu'au bout. Si on émet un avis contraire au sien et qu'il ne soit pas vigoureusement présenté, il en triomphe ; autrement, il cède dans la lutte. Homme du devoir, sans esprit guerrier, il saurait tirer l'épée par sentiment de conservation intacte du dépôt transmis. Il est loyal et

S. M. NICOLAS II,

né à Saint-Pétersbourg en 1868.

Ph. Uhlenhuth.

esclave de sa parole. Pour ce fait, ne prodigue pas les promesses. Il se sauve des mauvaises influences par la fuite, dans la crainte de ne pouvoir y résister; il se dérobe. Il est conseiller prudent et il a surtout peur de la précipitation dans les actes. Aucune habileté, nulle ruse en politique. Porté au pardon, il laisse pourtant, par esprit de tradition autant que par manque de résistance, la justice s'accomplir.

Époux fidèle, en dépit des sollicitations de son naturel excessivement voluptueux.

La mort violente n'est pas un danger pour ce prince au grand cœur, mais l'exil et la dépossession le menacent sans que cela entraîne du tout la déchéance du régime impérial. Des chagrins profonds, par suite de la disparition de ceux qu'il aime ou de la séparation d'avec ceux-ci, le menacent également.

JOSÉPHIN PELADAN

VÉNUS, SATURNE ET LA LUNE

Vénus et Saturne dans une proportion égale, la Lune ensuite. Vénus aux écrivains donne la fécondité et empreint leurs œuvres d'un sensualisme attrayant. Ici, l'égoïsme transcendant, l'extraordinaire puissance du « moi » autoritaire viennent de Saturne, dont l'orgueil est intime, profond, démesuré.

Évidemment, ce visage est celui d'un homme sans aucune idée basse, mais sa tendance orgueilleuse — l'orgueil sans phrases, l'orgueil solitaire — à ne voir que lui-même

JOSÉPHIN PELADAN, né à Lyon en 1856.

Ph. Benque.

stérilise ses efforts. L'orgueil va jusqu'au besoin de se faire adorer, par admiration de ses propres pensées, et non par amour complaisant de sa personne; quelque jour, il se proclamera Dieu. M. Peladan a de la ténacité par orgueil; il se moque du « qu'en dira-t-on » par orgueil, ne prend conseil de personne par orgueil. C'est Prométhée. Il n'est ni de son temps, ni de son pays : un Oriental de quelque vieille cité morte. Son action, dans ces conditions, est frappée d'impuissance.

L'écrivain, admirablement doué qu'il est, éparpille et gaspille sa pensée dans cette vaine action. Intelligence supérieure, haute plus que profonde peut-être. Un caractère fort et noble, une individualité intense. L'activité intellectuelle a tué en lui, tout au moins diminué, l'activité sensuelle qui persiste en désirs.

Au mois de septembre 1895, dans la *Revue encyclopédique*, où parut déjà ce portrait, nous disions : « Il a un pouvoir de rayonnement, surtout sur les femmes, dont il fait aisément des adeptes pour l'aider dans ses desseins. Il attire l'argent. » L'annonce, en octobre, du mariage de M. Peladan avec une jeune femme du monde conquise à ses idées et possédant une fortune remarquable, confirme notre jugement (*).

Pontifiant dans les hautes sphères intellectuelles. Esprit religieux sans obéissance : fondateur de religion.

(*) Ce mariage heureux est aujourd'hui chose accomplie.

ALPHONSE DAUDET

ROMANCIER

VÉNUS, SATURNE ET LA LUNE

En présence de plusieurs types de Vénus-Saturne et de Vénus-Saturne-Lune, qui ont d'évidents points de ressemblance physique et morale, mais différents par d'autres points, je rappelle que les types planétaires ne suffisent pas à déterminer le caractère; il faut, en outre, tenir un grand compte de la qualité des traits. Je dis *qualité*, parce que la forme en est à peu près la même.

Le visage du célèbre auteur de *Sapho*, pour ne citer qu'un de ses livres, indique dès l'abord du sensualisme et de la sentimentalité, de l'imagination et de la poésie, de la tendresse et du charme. Il semble que l'œil, dont le regard est droit et pénétrant, ne soit maintenu dans cette position qu'a-

ALPHONSE DAUDET,
né à Nîmes le 13 mai 1840.

Ph. Pirou.

vec fatigue; il y aurait donc plus d'effort de volonté dans l'observation que de penchant naturel.

Ce visage n'est certainement pas d'un moraliste, d'un homme

aux goûts austères, mais il n'est pas davantage celui d'un immoral. Une nature féminine, un peu capricieuse, sous des attitudes qui prétendent à la virilité. Dans les idées, plus de grâce et de forme que de fonds, et conçues facilement, spontanément ; des idées, en somme, plus nombreuses que valeureuses. Du charme ! Beaucoup de charme !

De l'orgueil dissimulé ; la critique l'irrite et lui fait mal. Un fond de rancune se révèle dans l'amour-propre blessé. Il aime la louange et l'encens ; il est lui-même très disposé à encenser ses amis. M. Daudet est un excellent camarade, très serviable, à condition, cependant, que les services rendus lui soient payés en retour. Le cœur est très sensible. Dans la vie intime, il souffre singulièrement des procédés insuffisamment affectueux, et les témoignages d'affection lui donnent un contentement infini. Des colères promptes sans ravages, ni fureur, — la colère nerveuse, et non celle qui aveugle, la colère du sang.

Il est à la fois mondain et solitaire, il aime les salons et les bois. Et, toujours à la fois, un voluptueux épris des plaisirs et un pessimiste mécontent de tout. Enclin même à l'hypocondrie, hanté par des idées noires que son imagination exagère.

Irréligieux, il est néanmoins troublé jusqu'au vertige par le mystère inconnaissable de l'Au-delà.

Comme M. Bourgeois, il a une très grande influence, une très grande séduction dans l'amitié. Bon ami, je le répète, sa générosité a plus d'élan que de force ; il est un incorrigible prometteur qu'accable l'ennui des démarches à faire pour réaliser ses promesses.

JULES MASSENET

DE L'INSTITUT

VÉNUS, SATURNE ET LA LUNE

M. Jules Massenet, de tous les jouisseurs que nous venons de rencontrer, est le plus passionnément viveur. C'est un sensitif qui perçoit par images. Il a le sentiment de la couleur, non de la profondeur. Voyez le visage, il n'est pas pensif; mais comme on y sent de l'activité! Travail facile autant que la conception. Le sensuel se retrouve chez le musicien qui trouble, impressionne et fouette les sens. L'ouvrier est habile.

La décision des traits et l'attitude de M. Massenet, si celle-ci lui est familière, nous montre un viveur sans hypocrisie, sans masque, aimant les excès et l'avouant. D'une tendance avaricieuse, il est pour lui-même, pour ses plaisirs, pour la satisfac-

JULES MASSENET,
né à Montaud (Loire) le 12 mai 1842.
Ph. Nadar.

tion de sa fantaisie, extrèmement prodigue et, dans certains cas, imprévoyant. De l'économie dans le règlement de la dépense de son intérieur. Pas d'équilibre dans les affections : ou trop ou trop peu ; des folies d'amour ou de la dureté.

Dans l'intimité, irritable et colère, ne supportant aucune observation, n'entendant pas qu'on veuille le mener, grand jureur. De la violence même.

Il a horreur de la solitude et de la nuit ; il y tremble. Nous ne voulons pas dire qu'il soit un poltron.

Il est chanceux dans la conduite de ses affaires personnelles. Malheureux au jeu et dans toute spéculation ou entreprise ne concernant pas son art.

La chute est particulièrement menaçante chez lui. Son genre de mort : la mort subite.

GEORGES CLEMENCEAU

VÉNUS, SATURNE ET MARS

Vénus qui, par un côté violent, a pris du caractère avec M. Jules Massenet, par un côté plus ferme et moins extérieur, en prend davantage avec M. Georges Clemenceau. Homme très ambitieux, il pourrait espérer une haute et grande destinée si ce n'était une lassitude intermittente dans l'ambition et un besoin de jouissance et d'indépendance qui la fissent avorter.

L'indépendance est considérable, elle ne supporterait aucune chaîne. Le viveur est lugubre, mécontent, et, au milieu des agitations mondaines, assailli de pensées

GEORGES CLEMENCEAU,
né à Mouilleron-en-Pareds (Vendée)
le 28 septembre 1841.

Ph. Benque et Cie.

amères, de réflexions tristes, bien que la bouche soit souriante. L'homme est foncièrement honnête, mais il oublie de compter, et les exigences de sa vie prodigue pourraient l'entraîner

à des faiblesses dont la seule tentation le fait atrocement
souffrir.

Comme chez presque tous les Vénusiens, il y a dans son intelligence claire plus de raisonnement que de pénétration. La
forme est supérieure au fond. Il est systématique et présente la
controverse avec ordre, avec logique, en belle et bonne forme.
Vénus a l'éloquence abondante, imagée, et Mars l'a sèche, affirmative, paradoxale; Saturne est raisonneur. L'influence de Mars
alliée à Saturne, soit raisonnement et paradoxe, indiquerait une
tendance au sophisme. Homme de sang-froid, très courageux :
le courage de la nécessité, du danger imprévu froidement considéré. Il aime la bataille des idées; en fait, c'est un pacifique
prêt à se défendre, le cas échéant. Tenace dans ses opinions.

Il semblerait qu'il fût habile et il ne l'est pas, malgré une très
grande perspicacité dans les choses politiques et les avantages
qu'il en pourrait tirer. Il obéit à un instinct cassant. Son éloquence elle-même n'est pas habile, je veux dire que les effets
n'en sont pas calculés; elle est naturellement ainsi. Du reste,
chez les Vénusiens, il y a toujours plus de talents que de préméditation consciente.

Il manifeste une amabilité tendre, mais elle est associée à une
dureté cachée. Il est despote. Il est généreux et large avec un
peu d'ostentation, pour plaire et conquérir. Il a un très réel sentiment de la justice et un besoin de la voir triompher. Cet esprit
de justice entre même en compte dans ses largesses.

Il y a de l'artiste chez M. Clemenceau.

La menace du suicide.

JEAN JAURÈS

DÉPUTÉ

VÉNUS, LA TERRE ET MARS

L'alliance de la Terre apporte dans le caractère de M. Jaurès de sérieuses modifications et lui fait perdre quelques-unes des qualités aimables de Vénus. Il reste bon camarade, mais avec de la brusquerie et de la susceptibilité.

L'influence de Mars est mauvaise, ses colères sont rageuses jusqu'aux voies de fait. Il aime le tapage, le bruit autour de sa personne; il veut qu'on s'occupe de lui. Son énergie est illusoire, elle est toute de parole et d'attitude. Il a l'orgueil arrogant et la ruse de l'homme pratique. Sa

JEAN JAURÈS,
né à Castres le 3 septembre 1859.
Ph. Ladrey-Disdéri.

franchise est habilement calculée sous des apparences d'expansion vibrante, de démonstration prometteuse. Sans manquer de courage, il hésiterait pourtant à risquer sérieusement sa vie pour la défense et le triomphe d'opinions. Il est de ces hommes qui sont terribles en temps de paix. Une personnalité plus bruyante que forte. Supérieur dans l'éloquence, il est inférieur dans l'action, dans l'administration, dans l'organisation, et, pour tout dire, dans le gouvernement. Prudent et réservé quand il s'agit de passer aux actes.

La Terre est féconde comme Vénus, il y a donc en lui une double source de fécondité, et, avec ce beau front large, ses moyens sont nombreux. Son intelligence vaut plus que son caractère, quoi qu'il en pense; elle voit les objections et accumule les arguments, mais la flamme intérieure n'y est pas. Il est plus éclatant que sincère : il sait les beautés de la rhétorique et la puissance des mots, mais les convictions et les enthousiasmes éruptifs et la vertu audacieuse des croyances ne sont pas de sa nature. Du talent, et rien de plus. Son intelligence est compréhensive et non créatrice; et c'est pourquoi il a, par érudition, la notion philosophique sans l'avoir par sentiment foncier. Gambetta, dont il se rapproche par le type, avait moins d'intelligence que lui, à proprement parler, je veux donc dire moins de jugement, mais il avait des instincts bien autrement vigoureux, une imagination autrement entraînante, *un aveuglement autrement clairvoyant*.

Nous trouvons sous cette belle intelligence des penchants matériels accusés. C'est un jouisseur, mais un jouisseur terne, sans brillant, sans éclat, non pas le jouisseur mondain. Il est despote, autoritaire et, au fond, aristocrate. Son démocratisme est superficiel. Révolutionnaire de parade.

La tête prime le cœur. Il ne connaît pas les attendrissements; il peut les feindre. Il est plus facile de devenir son ennemi en s'attaquant à sa personne qu'à ses idées. Des rancunes profondes dans l'amour-propre blessé. Très ambitieux, il jalouse et envie la popularité de ceux qui pourraient se hausser au-dessus de lui.

Les hommes tels que M. Jaurès, avec cette ruse pratique et combative des Terriens et cette éloquence abondante des Vénusiens, sont redoutables dans l'opposition. Au pouvoir, leur prestige diminue, surtout auprès de leurs coreligionnaires. M. Jaurès y atteindra, mais n'y demeurera pas, se rendant antipathique à ses anciens partisans, à cause de son autoritarisme et de ses tendances despotiques. En temps de révolution, il serait exécuté par les hommes de son parti. Il serait capable de très grands coups d'autorité et n'accepterait pas la remontrance.

Sujet aux accidents de chasse et de cheval. Danger de mort subite.

ALPHONSE HUMBERT

DÉPUTÉ, ANCIEN PRÉSIDENT DU CONSEIL MUNICIPAL DE PARIS

VÉNUS, JUPITER ET LA TERRE

Vénus beaucoup, Jupiter un peu, la Terre très peu. Il serait étonnant que nos hôtes les Russes n'eussent point emporté de M. Alphonse Humbert le meilleur souvenir. On se souvient qu'il était, en octobre 1893, encore président du Conseil municipal et que ce fut lui, au nom de la Ville de Paris, qui pilota nos alliés.

Alphonse HUMBERT,
né à Paris en 1846.
Ph. Marius.

Nature cordiale, rayonnante, sympathique. Tous ses moyens lui viennent du cœur. L'intelligence est claire, sans aller au fond des choses. Bon cœur, excellent cœur. un peu naïf, il oblige ses amis avec empressement. Il est dépensier, prodigue, faible avec les femmes, un peu dupe. Très sensuel, très voluptueux. Il est sujet à l'entraînement. Point fidèle avec des désirs de l'être, tenté par l'occasion ; mais, tenu par le cœur, il revient.

Un peu poseur (comme tout Jupitérien), mais d'une pose agréable, qui séduit plus qu'elle n'en impose, par besoin naturel de plaire, et non par préméditation ni calcul de comédien. C'est un homme dont les opinions se modifient facilement par inclination de nature, sans aucun motif bas. Il n'a ni le courage héroïque, ni le courage de parade, mais il est brave, tout en étant disposé, si l'on veut, à la conciliation.

Il ne déteste pas les honneurs, et il sera satisfait.

Un futur ministre, — mais pas pour longtemps. Chance éphémère.

CAMILLE FLAMMARION

DE L'INSTITUT

VÉNUS ET LA LUNE

L'astronome Camille Flammarion a l'aspect d'un poète, d'un rêveur, d'un artiste, et non celui d'un savant abîmé dans des

CAMILLE FLAMMARION,
né à Montigny-le-Roi (Haute-Marne) en 1842.
Ph. Pirou.

réflexions mathématiques de mécanique céleste. Homme d'imagination, enthousiaste, intuitif, curieux, ce qui stimule sa pensée dans la contemplation du ciel, c'est le mystère d'une vie dont les manifestations invisibles s'accomplissent à une telle distance de nous que le vertige nous saisit en y songeant et que notre curiosité devient une angoisse, quelque chose comme la nostalgie de patries lointaines, petits points d'or dans le firmament.

Aucunement systématique, il conçoit par images. Ce n'est pas trop du ciel tout entier comme champ à sa fertile imagination, commandée par un esprit que l'inconnu tourmente. Un sentimental plein de cœur, qui se laisse dominer par la femme ; très obligeant, très serviable avec du caprice dans ses prodigalités, comme du caprice aussi dans sa volupté naturelle, mais que l'imagination exagère beaucoup. Incapable de haine, de rancune et de vengeance.

Sa parole est facile et colorée, il aime beaucoup à parler et parle d'abondance, avec séduction. Il est religieux, mais point religieux dogmatique. Sa religion est personnelle, un peu païenne peut-être, fondée sur un amour de tout ce qui est bien vivant, en même temps que spiritualiste avec une foi grande en la survie. Ne craint pas la mort, parce qu'il ne croit pas à la mort.

De l'amour-propre, juste ce qu'il en faut. Appréciant l'argent sans l'adorer.

Beaucoup de chance.

CAMILLE LEMONNIER

ROMANCIER

VÉNUS, LA LUNE ET SATURNE

Saturne, très peu. On sait que M. Camille Lemonnier est un écrivain belge. Son type est celui de la Vénus flamande, de la Vénus rubénienne. Ne lui demandez ni philosophie, ni profondeur de pensée, ni même d'observation réelle. Ses idées n'ont pas d'élévation et, s'il observe, c'est strictement dans le domaine sensuel, par tempérament. Mais il y a dans son matérialisme plus de parti pris que de conviction et, si j'osais dire, plus de cynisme qui veut étonner que de sincérité qui veut vaincre. Il n'a jamais beaucoup raisonné, réfléchi, médité. C'est un coloriste brillant et un fouetteur des sens. Voilà son caractère littéraire tel qu'on le peut définir quand on est informé que ce visage est celui d'un écrivain ; on serait plutôt porté à croire, dans l'ignorance, qu'il est d'un peintre luxuriant et luxurieux, provocant.

Sa luxure, en dehors de tout effort d'art, est considérable et au-dessus de ses forces. C'est un égoïste, avec des formes aimables ; un protecteur par amour-propre, préférant protéger qu'être protégé. Il n'est pas exempt de jalousie ni d'envie, mais ces minces défauts ne sauraient exciter en lui d'actes mauvais, ils ne sont point nuisibles. Il n'a pas le succès silencieux, se présente bruyamment, prend des attitudes, a l'air de dédaigner la gloire, semble mépriser les ambitieux. Il est excessivement habile dans l'art de se rendre sympathique, et il s'indignerait qu'on dévoilât ses petites manœuvres souterraines.

Un tel homme et ceux qui lui ressemblent ont de grands besoins d'existence dispendieuse et souffriraient cruellement, dans le malheur, de la privation. Ils aiment la vie en dehors de leur intérieur, beaucoup sont des habitués du restaurant et du café. Ce sont d'ardents joueurs à qui la veine sourit quand ils ne s'acharnent point trop au jeu et qu'ils le quittent à temps.

Camille LEMONNIER,
né à Ixelles-Bruxelles en 1845.

Ph. Guérin.

Ils aiment les femmes et sont parfois brutaux avec elles. Très chanceux.

L'exubérance de santé est apparente et ne répond pas à la faiblesse relative de l'organisme. Peu de vieillards parmi les hommes de ce type.

LÉON MIRMAN

VÉNUS ET LA LUNE

Celui qu'on ne nomme plus autrement que le député-soldat est dans les sphères médiocres ce que M. Péladan est dans les

LÉON MIRMAN, né à Paris le 25 janvier 1865.

Ph. Ladrey-Disdéri.

hautes sphères. Ce n'est point qu'il ait de l'orgueil. Le besoin d'être adoré qui est en M. Péladan n'est plus en M. Mirman qu'un besoin de briller, d'occuper, de mettre sa personnalité en avant, sous n'importe quel prétexte. Il peut en toute bonne foi

— car c'est un homme sans astuce — s'imaginer avoir des opinions, il se trompe ; il est plein du désir de paraître, tout simplement, et servir un parti n'est que l'occasion de satisfaire un irrésistible et vain besoin.

Sa chance est prodigieuse, au point que, sans supériorité, sans grands moyens, sa fortune sera rapide. Le visage est agréable, mais sans beauté intellectuelle ; il est d'un jouisseur, d'un parleur qui s'écoute. Il est sans énergie : le parleur déserterait au moment d'une action décisive et périlleuse.

Quand, sans être un héros, on attire à soi par sympathie autant que M. Mirman, la fortune ne peut manquer de vous échoir, souvent par le mariage. On change de monde ; on abandonne son parti si le parti est sans espoir de triomphe, ou s'il devient dangereux de le soutenir. Manquant de la ruse nécessaire pour passer avec prestige d'un camp dans l'autre, on se retire tout bonnement ; et, parti d'en bas, on est parvenu au but de sa médiocre destinée : jouir sans obstacles !

M. MIRMAN, député-soldat.
Ph. Daircaux.

Le mandat législatif n'a été qu'une jouissance de plus. la jouissance d'un moment, et l'un de ces moyens inconscients de l'instinct qui guide l'homme à ses fins.

Ce genre d'hommes est très envié, et cela se conçoit. Tant d'autres, qui se sentent ses égaux, n'arrivent pas à ses succès et en accusent la destinée injuste.

Hélas ! si la destinée est injuste, c'est pour M. Mirman, qui pourtant doit être un excellent garçon.

LE CARACTÈRE MERCURIEN

Mercure est le dieu des avatars. Son caractère est complexe. Avec l'influence de Mercure on est, comme l'empereur d'Allemagne, poète, guerrier, prédicateur; ou, comme Rochefort, vaudevilliste, conspirateur, chroniqueur spirituel, pamphlétaire intransigeant et amateur d'art; ou, comme M. de Mun, tribun et soldat. Mercure a des aptitudes diverses. Il peut être simultanément homme du monde et beau danseur, homme d'action, homme de pensée. Lavater, dont nous avons vu le portrait plus haut, et qui s'est peint lui-même, est mercurien.

Saturne, c'est la pensée patiente et profonde, sans inspiration, par enchaînement logique des réflexions; le Soleil, la pensée haute, large, noble, étendue; Mercure, la pensée vive, spontanée, pénétrante, inspiratrice de l'action rapide, l'intuition.

Comme type mercurien dominant, nous avons : l'empereur Guillaume II, d'Allemagne, et MM. Frère-Orban, l'homme d'État belge; Edison, l'inventeur étonnant; Mæterlinck, un poète; de Mun, un homme d'action; Rochefort, un journaliste; Richepin, un dramaturge; et l'auteur de ce livre.

Mercure apparaît encore dans le général Dodds, dans le général de Moltke et dans MM. Hervé, de Cassagnac, Naquet, Brunetière, Pierre Loti, Jules Lemaître, Victorien Sardou, Édouard Detaille et Coquelin aîné. Il existe aussi chez M. Eugène Ledos.

M. FRÈRE-ORBAN

MERCURE ET JUPITER

Très vive et très lucide intelligence. Esprit clair et prompt. Des vues d'ensemble larges et nettes. De la grandeur dans les idées.

Un homme dominateur, excessivement autoritaire et dogmatique. Au pouvoir, imposant silence à ceux qui porteraient atteinte à son autorité. Colère et ne soufrant pas la réplique quand il commande. Dans la lutte des idées, tenant beaucoup à ses opinions, et souffrant quand on les discute, mais acceptant, après réflexion, les idées justes venant des autres. Comme tribun, parole facile, persuasive et imposante. Bravant consciemment ses ennemis, se possédant, mais généreux avec eux. Grande honnêteté. Politique loyal, agissant en plein jour.

On sent ici comment Mercure et Jupiter se combinent, Mer-

FRÈRE-ORBAN,
né à Liége le 22 avril 1812.
Ph. Peruget frères

cure dirigeant en quelque sorte Jupiter. L'orgueil a du tact, par exemple.

Forte énergie d'action, avec un beau sentiment de justice. Comme homme d'État, il récompense magnifiquement, et, s'il n'est point ménager des deniers publics, c'est pour le bien de l'État. Avec son énergie d'action, il est l'homme des situations difficiles, capable de les affronter sans faiblir.

Un sensuel, nullement amoureux sentimentalement. Bon convive, intéressant et souvent facétieux.

Chance sans beaucoup de durée, mais avec des fréquences de retour qui se produisent au milieu de difficultés. Il est de ces hommes dont on se souvient dans les situations critiques et dont on implore le secours.

THOMAS-ALVA EDISON

MERCURE ET LA LUNE

Il me semble que la rencontre inévitable du caractère mercurien chez le prodigieux inventeur américain fera bien comprendre les aptitudes de ce caractère, sa complexité.

Intuition et imagination, tels sont les dons particuliers échus à Edison. Il n'y a point de longs calculs dans son intelligence, mais des révélations. Son instinct chercheur l'entraîne à tenter de résoudre divers problèmes, et toutes ses inventions sont des trouvailles faites au cours de ses recherches, sans qu'il ait eu

Thomas-Alva EDISON,
né à Milan (États-Unis) le 11 février 1847.
Ph. Daireaux.

du tout pour but leur découverte. Un génie inspirateur le hante.

Il n'a pas l'esprit positif du savant. C'est un spiritualiste. Physicien, il est doublé d'un métaphysicien. Idéaliste, il est pratique en même temps. Son imagination n'a pas de repos, même dans le sommeil. Dans l'esprit, la découverte devance la recherche; dans l'action, la parole devance la pensée.

Il est ambitieux de gloire plus que d'honneurs et d'argent.

C'est un homme vif dans l'intelligence, démonstratif dans les sentiments, froid dans les sens. Indépendance absolue de caractère et de vie. Parmi les siens, vivant solitairement.

Une audace naturelle et un goût des vastes entreprises, en dehors de tout esprit de découverte, le poussent à des spéculations hasardeuses qui pourraient lui être funestes.

En même temps que d'une profonde honnêteté de cœur, habile à manier les hommes.

MAURICE MÆTERLINCK

MERCURE ET LA LUNE

Des jeunes écrivains de la nouvelle génération, M. Maurice Mæterlinck est celui autour duquel s'est fait le plus de bruit. Né à Gand, y vivant toujours, c'est un Flamand de la vraie Flandre. Agé aujourd'hui d'une trentaine d'années, vous le voyez ici tel que vous le pouvez rencontrer, avec cet air de jeunesse des Mercuriens et ce visage sympathique. Mais j'oublie que j'ai lu ou vu représenter ses petits drames émouvants pour ne porter sur lui qu'un jugement physionomique.

MAURICE MÆTERLINCK,
né à Gand en 1864.

Ph. Sacré-Smits.

D'abord, n'a-t-il pas bien l'aspect d'un jeune homme chanceux à qui les portes furent facilement ouvertes ? En dépit de beaucoup d'envieux, accident particulier à Mercure, à Vénus aussi, il trouve cependant des appuis faciles. Il n'y a pas de succès inexplicable. Les uns le doivent à leur personne, à leurs intrigues; les autres, à leurs talents. Maurice Mæterlinck doit son premier succès à son talent, mais il en doit la durée à sa personne. C'est un homme d'une très grande et très fine habileté, pleine de tact et, d'ailleurs, très recommandable. Il sait se tenir à l'écart, il est peu prodigue de se montrer, s'entoure de mystère, mène une vie simple, enfin il n'a pas le succès bruyant. Puis, très prudent, il a évité les combats directs, les luttes de personnalités. Il aime la louange, sans le laisser paraître, et sait la rendre à ceux qui la lui décernent. Très discrètement, avec son habileté distinguée, il s'entend à se faire valoir.

La pensée est vive, elle arrête les idées au vol, ou bien, volant elle-même, elle se pose sur les idées, légèrement, en prend le suc, passe de l'une à l'autre, se les assimile merveilleusement. Il y a un peu de papillonnage dans l'intelligence de M. Mæterlinck. Et de l'escamotage aussi. C'est un créateur d'illusions : il laisse supposer qu'il est allé au fond des choses, tandis qu'avec cette admirable intuition des poètes, sans aucun effort de recherche, sans longue méditation, sans travail éliminatoire, il en a saisi subitement le parfum qui trouble et fait songer. Il pense moins qu'il ne fait penser.

Ses amours et ses sentiments sont des sentiments et des amours de tête. Aucun de ces emportements du cœur. Il n'est point un passionné. Ses amitiés, sous des apparences démonstratives, ne sont pas profondes. Il vous dira : « Comme je vous aime!... » avec indifférence. Pour le caractériser, sous ce rapport comme littérairement, c'est un homme qui *invente* sans cesse d'adorables choses qu'il répand. Quant à certaines apparences de fatuité, elles sont menteuses. Beaucoup de séduction : point celle du cœur, la séduction vénusienne, mais celle de l'esprit, la séduction mercurienne. La phrase lui vient vite, elle est expressive et se présente bien. Il pressent les gens mieux qu'il ne les juge.

Ce poète mystique aime la vie active. Il est mondain.

Du tact en tout, don éminemment mercurien, tel est son propre.

COMTE DE MUN

CHEF DU PARTI SOCIALISTE-CATHOLIQUE

MERCURE, VÉNUS ET MARS

Belle intelligence, esprit lucide, mais ce n'est point un grand caractère. Le caractère est inférieur à l'intelligence. Nature généreuse et cordiale.

M. le comte de Mun est un homme enthousiaste dans sa conviction, énergique dans sa parole; il est froid, craintif et irrésolu quand il faut passer à l'action. Homme de guerre, soldat, il se montre courageux, discipliné, ferme dans son devoir; il conserve son sang-froid devant le péril et la mort.

Comte DE MUN,
né à Lumigny (Seine-et-Marne) le 23 janvier 1841·

Ph. Chalot.

Mais, dans la vie politique, il est incapable d'audacieuses résolutions, ni d'assumer certaines responsabilités; il réfléchit, s'arrête, tergiverse et prend des voies détournées, se livre à des manœuvres cachées pour arriver au but qu'il se propose d'atteindre. En somme, le courage et la persévérance sont sujets à défaillir. Un orateur sincère dans ses paroles, mais impuissant à agir virilement. Logique et brillant à la tribune. Illogique et terne dans l'action. Des indécisions qui vont jusqu'au changement d'attitude. Il manque de jugement, il n'a point la perception des conséquences des choses ni des actes.

Un homme ainsi fait entreprend la lutte avec ardeur et, devant la résistance ou l'indifférence, se décourage, tombe dans la faiblesse et pactise avec ceux qui l'ont combattu. Il est un peu guidé par l'ambition quand il se porte en avant. Et puis, ce n'est pas un caractère tout à fait franc. Il a de la disposition à l'équivoque, ne répondrait pas sur certains points. Ambitieux muet, mais point homme d'argent, un politique puissant pourrait se l'attacher, à condition d'employer, pour le prendre, la séduction. Il ne serait pas non plus insensible aux honneurs.

En présence, je suppose, d'une conduite illogique avec ses convictions affichées, on serait injuste de l'accuser de déloyauté, alors que cette conduite serait réellement le fait d'un trouble de la volonté. Il peut perdre la tête et agir contrairement à ses plans.

Ce n'est pas un vrai chef de parti : il servirait admirablement en second.

S. M. GUILLAUME II

EMPEREUR D'ALLEMAGNE,

MERCURE, MARS ET LA LUNE

Le caractère de l'empereur d'Allemagne est le plus complexe de tous ceux rencontrés par le lecteur au cours de ce livre. Guillaume II passe des élans mystiques au sensualisme le plus grossier, aux excès de toute sorte; il quitte un poème pour des plans de guerre.

Nature impressionnable et irritable, sans aucune possession de soi-même; ses colères sont épileptiformes, sans durée. Toutefois, elles n'en sont pas moins dangereuses; elles peuvent être homicides. Grand jureur et grand blasphémateur, il s'arrête, effrayé de ses blasphèmes, par sentiment religieux et par dignité. D'un fonds vraiment religieux, il est cependant touché surtout par les formes et les belles pompes de la religion; ce n'est point une intelligence sèche de protestant. Enthousiaste et exalté. Comme on l'était au moyen âge, il est aussi formidable pécheur que sincère croyant. De ses fautes, il a plutôt l'oubli que le repentir (ceci est martial), de sorte qu'il est porté à y retomber fréquemment.

Sa violence le porte aux voies de fait, dans sa vie familiale même et envers les personnes qui sembleraient, par leur rang et leur parenté ou alliance proche, à l'abri de ses fureurs. Despote et tyrannique dans son intérieur, il ne souffre pas qu'on lui résiste, et toujours il est prêt à tout casser et briser.

Insubordonné et révolté, il saurait pourtant se soumettre ouvertement à la discipline pour en donner l'exemple et l'imposer durement aux autres. Il est juste, d'une justice sévère poussée à l'extrême rigueur. Il récompense avec générosité et magnificence. Gaspilleur pour lui-même, dépensier imprudent en ce qui concerne les choses de l'État, il est, dans son

« ménage », excessivement économe, reprochant constamment aux siens leurs dépenses.

Guillaume II ne possède pas de véritable volonté; il est tyrannique, orgueilleux, et veut affirmer sa personnalité, ce qui lui donne une attitude volontaire. Il n'a pas non plus de raison. Il procède par coups de tête, ne prenant pas le temps de mûrir ses projets. C'est un homme à brusquer et à précipiter les situations et qui, néanmoins, est porté à la ruse et au mensonge, malgré des mouvements de franchise poussée à la brutalité. En dépit de sa pétulance, il est capable, dans l'impossibilité de réaliser immédiatement un projet spontané, de le dissimuler sous des apparences de

S. M. GUILLAUME II,
né à Berlin le 27 janvier 1859.

tranquillité et de frapper à l'improviste le coup qu'il a résolu de porter.

L'empereur d'Allemagne aime le faste, la splendeur cérémoniale, les grandes pompes. Il a l'imagination guerrière, plus qu'il n'en a l'esprit. Cette imagination le grise; et il a le courage, l'impétuosité, la témérité. Mais il n'est ni un grand capitaine, ni un stratège. Nullement systématique. Il est chevaleresque et il excellerait dans les prouesses; il y serait même favorisé par sa fougue. Un sabreur. Un combattant du corps-à-corps.

S. M. GUILLAUME II.

Ph. Bieber.

Cet empereur fantasque, qui fait songer à un Charles le Téméraire ou à un Charles XII de Suède, qui rongerait son frein dans une paix irritante, est aussi un artiste, une âme d'artiste où se signale encore son imagination excessive, déréglée, fiévreuse. Malgré sa dureté, qui est un peu de parade, n'étant qu'un violent aux accès intermittents, il a de la sentimentalité et il est poète à ses heures : un poète de pastorales et d'idylles. Il aime la musique, le chant surtout, et ses émotions vont jusqu'aux larmes.

Guillaume II, personnalité intense, est doué d'un orgueil qui l'incite à se croire apte à toutes choses, un génie universel. Du fond de lui-même une voix, qu'il se plaît à écouter, lui crie : « Tu es fils d'un dieu puissant ! »

Souverain d'une âme assez grande pour subir ses propres malheurs, il ne supporterait pas les adversités de la patrie. Et pourtant, agressif et imprudent, provocateur de désastres impériaux et nationaux, après de premiers succès sans doute, il est menacé, dans un accès de fureur tournée contre lui-même, de finir par le suicide.

Un homme de ce caractère est appelé à se perdre et à perdre les autres, à moins qu'une individualité forte ne s'oppose à la sienne.

L'empereur d'Allemagne n'est point un pacifique.

HENRI ROCHEFORT

MERCURE ET MARS

Journaliste n'est qu'un de ses nombreux avatars. Conception facile et verve. Ses talents nombreux l'ont mis à la place qu'il occupe.

Le front, bombé, est fuyant vers le haut : imagination. Les lèvres sont serrées, les sourcils sont abaissés sur les yeux : esprit agressif. Le menton est têtu. Le regard est froid : peu de sentiment. Prodigue, il fait des largesses au hasard.

Type de joueur, aussi bien aux jeux de l'argent qu'aux jeux de la vie. Un jouisseur, un mondain, un aristocrate. Audacieux dans ses écrits, trembleur dans l'action, à cause de ses nerfs. Provocateur en-

HENRI ROCHEFORT,
né à Paris le 30 janvier 1831.
Ph. Pirou.

traîné par sa verve plus que par sa volonté. Joueur dans toutes les occasions de la vie, il est capable, sans vrai courage, dénué de sang-froid, de risquer son existence, d'ailleurs constamment en péril et préservée par une chance incroyable... jusqu'à présent.

Il obéit à un tempérament, point du tout à des calculs d'ambition. Ni haine, ni envie. Homme de boutades. Sans véritable direction de pensée, il a la mémoire le lendemain des idées qu'il a lancées la veille, et il poursuit ainsi son chemin.

Parfois, il maudit intérieurement l'esclavage que lui impose la situation qu'il s'est créée.

Un indépendant.

Si je n'ai pas dit qu'il est surtout un homme d'esprit, c'est que personne ne l'ignore et que l'on sait déjà que l'esprit de répartie et d'attaque (avec Mars) est un des traits de Mercure.

JEAN RICHEPIN

POÉTE ET AUTEUR DRAMATIQUE

MERCURE, MARS ET SATURNE

Intelligence originale. Un cerveau surchauffé par l'imagination. Fécondité dans la conception et facilité dans l'exécution. Couleur, image, force ; et aussi, par contre, exaspération et manque de discernement et manque de goût. Un jongleur exalté.

Un véhément, qui aime le soliloque.

Vous n'avez pas oublié, n'est-ce pas, que Mars est grand jureur et grand blasphémateur. Comment n'aurait-il pas un peu du caractère de Mars, l'auteur des *Gueux* et des *Blasphèmes ?*

La nature de M. Jean Richepin a quelque chose

JEAN RICHEPIN,
né à Médéah (Algérie) en 1849.
Ph. Pirou.

d'excentrique et de bizarre. Il est indépendant jusqu'à la folie ; c'est un batailleur, mais, révolté, il est sujet à défaillir. Son cœur est bon, sans tendresse de parole ; toutefois, pour être bien accueilli de lui, faut-il tomber dans ses bons moments. Il a l'humeur très mobile.

Un sensuel violent qui crie, hurle et mord. Un lion terrible en amour. Et pourtant, il a le mépris de la femme. Je dirais même, ô Mars ! qu'il est capable de la flageller, sans verges, de sa seule main robuste. Irritable et colère.

Trop d'exubérance pour qu'un ralentissement relativement précoce dans la conception et la productivité ne soit pas à craindre. Alors, il se contentera de rêvasser, et l'on s'expliquera mal tant de douceur sous des traits noueux.

S'il a le mépris des femmes, il n'en est pas moins aimé d'elles. C'est le privilège de Mars.

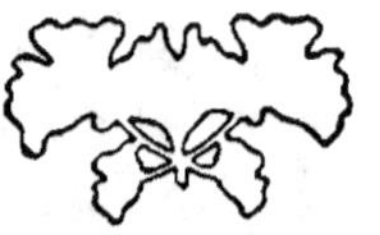

JULIEN LECLERCQ

AUTEUR DRAMATIQUE

MERCURE, VÉNUS, SATURNE ET MARS

JULIEN LECLERCQ,
né à Armentières (Nord) le 16 mai 1865.

Ph. Daireaux.

Craignant montrer de l'indulgence dans la confection de mon propre portrait physiognomonique, j'ai prié M. Eugène Ledos de me portraire. C'est ce qu'il fit dans une lettre que voici :

Cher monsieur,

Vous me demandez de faire votre portrait physiognomonique ; j'y consens très volontiers. Vous désirez qu'il soit exprimé sans aucun ménagement, vous avez raison, car un portrait flatté, non seulement n'est pas conforme à la vérité, mais les flatteries qu'il exprime ne peuvent qu'être préjudiciables à la personne qui en est l'objet, car, en lui cachant ses défauts, on l'induit en erreur sur elle-même et on l'expose à bien des mécomptes.

Celui qui connaît à fond les forces et les faiblesses de sa nature, ses inclinations, ses qualités et ses défauts, est tenu en éveil sur lui-même, et, en s'observant avec vigilance, il peut sûrement se gouverner dans les choses de la vie, conjurer bien des écueils, voire même des périls. Mais la vérité n'est pas toujours bien entendue, ni acceptée des hommes ; elle ne leur est agréable que tant qu'elle ne touche qu'à leurs vertus et à leurs qualités. La vérité vraie, qui exprime librement les défauts, les vices, les fautes, et qui met à nu nos misères et le fond de notre être intime, nous ne l'aimons pas, elle nous pèse et nous chagrine, parce qu'elle humilie notre orgueil. Il n'y a que les sages qui aiment la « vérité vraie », car elle est pour eux un moyen de se connaître et de s'amender.

La chose est scabreuse et la vérité plus difficile à dire quand il s'agit de portraits contemporains, destinés à la publicité. Car alors, par tact de convenance, par prudence et même par charité, on est dans l'obligation de s'imposer des réserves et surtout de taire les choses trop intimes. Est-ce à dire qu'on ne puisse être véridique en ses jugements physiognomoniques? Si, il y a moyen de presque tout dire, mais c'est un art spécial et intuitif, auquel se joint une habileté acquise par une longue pratique.

La physiognomonie est un art qui touche au divin, mais qui est hérissée de difficultés. Il exige un jugement sain, une entière possession de soi et un regard pénétrant. Pour juger les autres avec vérité, il faut être dégagé de toute prévention à l'égard du sujet et imposer silence à la sympathie ou à l'antipathie qu'il peut inspirer, parce que ces sentiments sont souvent trompeurs et qu'ils peuvent égarer le jugement. En ce qui concerne le moral, je ne crois pas à la fatalité du mal ; sans doute le libre arbitre a des limites, mais le plus souvent c'est nous qui, manquant de courage pour nous redresser devant nos passions, transigeons lâchement avec elles, ou même les sollicitons, et par là nous ouvrons fatalement la porte au débordement de nos mauvaises inclinations. Je crois donc qu'avec une ferme volonté du bien on peut résister à ses passions, si néfastes qu'elles soient ; et même en triompher.

Maintenant, j'entre en matière pour ce qui vous concerne.

Type triangulaire allongé modérément accusé.

Tempérament nerveux-mélancolique-sanguin.

Mercure — Vénus — Saturne — Mars.

Nature marquée d'un cachet d'originalité. Caractère complexe renfermant d'étranges contradictions. Au moral, vous tenez de l'homme et de la femme, dans les passions et les sentiments. D'une part, on trouve chez vous les qualités et l'énergie masculines ; d'autre part, des tendresses de sentiment, des entraînements, des caprices, des frivolités et des faiblesses féminines ; et vous êtes un idéaliste avec des instincts matériels.

Vous êtes très impressionnable, mais vous avez la force de réagir contre vos impressions quand elles ne touchent pas aux choses du cœur. Il y a chez vous un singulier mélange de sérieux et de légèreté, de raison et de frivolité, une insouciance de surface qui cache des luttes intérieures. Vous êtes parfois troublé par de soudaines et étranges incitations au mal, voire à l'homicide.

Vous n'entendez pas imiter les autres; en toutes choses, vous tenez à rester vous-même ; à tel point qu'il vous est difficile de copier servilement quoi que ce soit. Vous n'êtes pas l'homme de la règle et de la discipline, l'indépendance parle haut chez vous et vous prédispose aux coups de tête et à la révolte; n'étant pas maîtrisée, elle pourrait vous entraîner dans des actes fâcheux et préjudiciables à vos intérêts.

Vous avez le courage de vos opinions.

Certes, vous êtes ambitieux et vous êtes secrètement tourmenté par des rêves de gloire, de fortune et de bonheur; mais vous n'êtes pas l'ambitieux taciturne et solitaire que l'ambition dévore.

Vous n'êtes pas porté à la colère; chez vous elle se montre par occasion, mais elle peut parfois être violente et même meurtrière. Vous tenez à vos droits et vous savez les défendre. Vous appréciez l'argent pour l'indépendance qu'il procure, pour les désirs qu'il satisfait et pour les libéralités qu'il permet de faire à ceux que l'on aime. Vous ne brillez ni par l'ordre, ni par la prévoyance, et vous êtes enclin à vivre à l'aventure, dépensant au gré de vos caprices et de vos plaisirs.

Votre franc-parler, souvent cassant et même blessant, vous expose à vous créer beaucoup d'ennemis et à vous attirer des querelles, des procès, des rixes et des duels. Vous avez parfois des sincérités, des expansions presque d'enfant ; pourtant, vous avez de la ruse et votre imagination peut vous entraîner à mentir.

A une imagination vive vous joignez de la réflexion et de l'intuition et vous agissez selon vos propres inspirations; la prudence vous manque. La volonté, l'initiative, la résolution et la persévérance sont chez vous sujettes à des intermittences ; vous partez soudainement, mais vous êtes sujet à des arrêts subits. Vous avez de l'amour-propre et de la confiance en vous, celle-ci pouvant par moment vous faire défaut. Enfin, on trouve chez vous de l'audace, de l'agressiveté et de la témérité. Vous savez vous défendre, mais mieux encore attaquer. Quoique vous soyez impressionnable devant le danger, vous savez vous ressaisir et faire preuve de courage.

Vous savez tourner les difficultés et ne manquez pas d'adresse pour vous tirer d'embarras.

Chez vous, le cœur est perpétuellement agité, remué et tourmenté, tantôt par la passion, tantôt par l'espérance ou l'angoisse; il aspire à trouver le repos et la fixité dans l'objet rêvé. Si vous savez aimer, vous savez aussi haïr. Vous n'êtes pas heureux dans vos affections, mais il y a en vous tant de désirs qu'il vous est difficile d'en trouver la satisfaction. C'est pourquoi vous êtes si souvent déçu dans vos rêves et dans vos aspirations. Vous êtes très voluptueux et les sens ne sauraient suffire aux excitations de votre imagination lascive; entraînée par elle, vous pourriez glisser dans les excès charnels. Prenez garde, la femme est pour vous un péril qui menace votre santé et votre avenir. Elle exerce sur vous un attrait fatidique, elle peut être pour vous la chemise de Nessus et vous consumer moralement et physiquement.

Et votre âme, par combien de sentiments opposés n'est-elle pas agitée!... Envolées d'espérances, joies, jouissances anticipées, rêves de bonheur, pensées riantes; et puis, appréhensions, défaillances, amertumes, angoisses, mélancolies, désespérances, révoltes contre vous-même et mauvais songes contre lesquels les forces occultes de votre nature vous donnent le pouvoir de réagir; et, après avoir été moralement terrassé, à votre étonnement, vous vous retrouvez debout, prêt à affronter la lutte.

Soyez prudent, vous êtes menacé de prison et de périls violents. Vous êtes appelé à acquérir une grande réputation.

Bien à vous,

Eugène LEDOS.

Ainsi, mon cher « Moi »! — comme dit M. Maurice Barrès quand il s'adresse à sa personne — il ne s'agit plus de plaisanter. La prison te déplairait énormément, fût-elle même confortable; et n'assassine pas trop ton prochain ni ne te laisse par lui assassiner; et puis, prends garde à ces abîmes que sont certains yeux de femmes. Enfin, arrange-toi comme tu le pourras, car, en vérité, cette vie est bien compliquée, et c'est « à la guerre comme à la guerre ».

LE CARACTÈRE MARTIAL

C'est dans les hommes de ce caractère que l'on rencontre les plus terribles tyrans. Néron était un Martial lunaire. Souvent la bravoure et la violence froides et en même temps généreuses sont des qualités de ce caractère; mais aussi l'influence martiale se montre, en mal, dans la fanfaronnade tapageuse et la cruauté lâche.

L'alliance Mars et Lune — tel est le cas du roi d'Italie et de M. Casimir-Perier — est préférable à l'alliance Lune et Mars, comme nous la trouvons chez MM. Crispi, Stamboulov et le R. P. Didon. Du type martial, nous montrons encore M. Janson, le chef du parti radical en Belgique; le général Dodds, Paul de Cassagnac et Edvard Grieg, le célèbre compositeur norvégien. Bertrand Du Guesclin, dont nous reproduisons la figure à l'occasion du portrait de M. Coquelin aîné (page 264), est aussi un Martial.

Nous retrouvons un peu du caractère de Mars chez Guillaume II d'Allemagne, Bismark, le général Duchesne et chez MM. Alexandre Dumas fils, Henrik Ibsen, Émile Bergerat, Georges Clemenceau, Henri Rochefort, Édouard Drumont, le comte de Mun, Paul Déroulède, Jean Jaurès et chez l'auteur du présent livre.

FRANCESCO CRISPI

MARS ET LA LUNE

La Lune, comme dans les deux portraits suivants, Stamboulov et le R. P. Didon, a le pas sur Mars, celui-ci se manifestant néanmoins très affirmativement. Tout à l'heure, dans l'Avertissement de cette seconde partie du livre, j'ai supposé, ayant nommé Socrate, que l'exercice avait pu faire de M. Crispi un homme vertueux. Rien ne m'empêche de dire tout ce que signale ce visage au nez grossier, aux yeux froids, secs et n'ayant rien, dans le regard, d'une dureté qui pourrait être franche ; le front est relativement étroit et bas, bien qu'une calvitie providentielle en fasse presque un beau front.

Le nez me rappelle vaguement celui de M. Charles Dupuy, dont j'ai à peine esquissé le caractère à quelques pages d'ici. C'est le nez de l'homme qui oppose à une âme lourde, à un sensualisme vulgaire, un flair prodigieux dans les choses de la politique et des affaires. A lui seul, ce nez suffirait à expliquer la haute situation de Son Éminence. L'intelligence des affaires, c'est-à-dire des combinaisons pratiques, est considérable ; mais ce genre d'intelligence n'a jamais excité d'enthousiaste admiration.

L'homme est dépourvu de cœur. Tendresse, dévouement, affection lui sont aussi inconnus dans la vie privée que dans la vie publique. Dans son intérieur, il sacrifie tout à sa personne et, le soin de ses ambitions lui prenant tout son temps, il ne lui en reste pas à accorder au sentiment familial, qui est superflu à son avis. Incapable d'amour, même aux jours de sa jeunesse et de sa maturité, c'est un formidable sensuel dont les appétits se prolongent jusque dans la vieillesse. Nous ajouterons que, dédai-

gneux des vantardises compromettantes, sa lasciveté secrète
recule les limites de la puissance virile. Estomac également
vigoureux.

S'il vous vient à l'esprit de donner un sens désobligeant au
mot « politicien », vous songerez fatalement à M. Crispi quand
vous serez entré dans l'intimité de sa nature.
Toutes les qualités du politicien se sont en effet rassemblées en lui : ruse, manœuvres souterraines sous des apparences calculées de franchise ; mauvaise foi, mensonge habile, téméraire et stupéfiant ; double jeu constant, négation de la parole donnée si son intérêt le commande, et parole tenue parfois afin de la pouvoir effrontément nier, avec des attitudes d'honnêteté, dans les grandes occasions ; amour de l'argent,

Francesco CRISPI,
né à Ribera (Sicile) le 4 octobre 1819.

corrupteur et corrompu ; mobilité d'opinions s'il le faut ; opiniâtreté dans la recherche des honneurs ; ambition sans aucuns scrupules.

Il n'a point de ces défauts qui embarrassent, interrompent ou
brisent la carrière des hommes d'État, comme, par exemple, la
fidélité à son roi, la défense de convictions fortes et l'intégrité.
Sans grandeur d'âme, il serait aussi plat et pitoyable dans la
chute qu'arrogant et triomphant dans le succès. Nous voyons
en lui autant d'audace que de lâcheté. Courage d'apparat. Beau-

coup d'obséquiosité, par intérêt; mais insolent avec ses ennemis
et porté à la haine et à la vengeance, à condition de les pouvoir
satisfaire immédiatement, ne sachant nourrir sa haine ni entretenir des projets de vengeance dans le cas contraire. Il jure
et blasphème, et ses colères, fortes dans leur expansion autant
qu'intérieurement, peuvent avoir de terribles effets.

Grande persévérance, grande ténacité dans la poursuite de la
fortune et des honneurs. Si certains hommes favorisés se sou-
viennent de leurs amis dans la prospérité, — tel M. Charles
Dupuy, qui diffère en cela du premier ministre d'Italie, — ce
n'est point le cas de M. Crispi. Pour sa réussite, il s'entend admirablement à tirer parti des forces occultes; c'est l'homme des
groupes et des sociétés secrètes. Au pouvoir, la police devient
sa police.

Point de sentiment patriotique. Il ne se soucie de son pays
qu'autant que son pays lui ménage des triomphes personnels.
Renversé du pouvoir, les malheurs de l'Italie plairaient à sa
vanité d'homme déchu.

Prédisposition à la folie furieuse et danger de mort violente.

STEFAN STAMBOULOV

MARS ET LA LUNE

Une physionomie intelligente, mais plus d'ambition que d'intelligence; une ambition qui dépasse de beaucoup ses moyens intellectuels. Il semble avoir une volonté de fer, et c'est tout simplement un violent dont l'énergie est très limitée. Et puis, un esprit aventureux, imprudent; l'esprit de conquête et de révolte.

Les moyens intellectuels de feu M. Stamboulov se manifestaient dans l'observation des choses et des hommes, mais c'était une nature trop emportée pour tirer un avantageux parti de

St. STAMBOULOV, né à Tirnova en 1853.
Ph. Karastoianov.

son observation juste. Habileté diplomatique et mensonge facile et naturel. Un autoritaire terrible, cruel dans la répression. Mais sa cruauté, — eût-elle été livrée à elle-même et non interrompue par la perte du pouvoir, — n'aurait su avoir de longue durée, son énergie n'étant soumise qu'aux accès de sa violence.

12

Son ambition et sa violence, sa facilité à se jeter en avant autant par nature que par désir d'être le premier, ont fait sa réussite éphémère. Il ne méritait pas cette louange : « un Bismark bulgare. » Ce fut un révolté au pouvoir, s'attachant les hommes par esprit de parti et non par sympathie personnelle, et massacrant les modérés avec la haine du violent contre les conciliants. Dans l'ambition, jaloux de la popularité d'autrui; et de la fureur contenue dans la chute, prêt à bondir de nouveau sur le pouvoir à la première défaillance ou au premier insuccès de ceux qui l'avaient renversé.

Nous n'avons jamais entrepris le voyage de Sofia pour entendre parler en public M. Stamboulov; cet homme devait, dans l'éloquence, jouir des avantages d'une raillerie brutale, d'une sorte de persiflage agressif. Mais, cruel et impitoyable dans la vie publique, sans être tendre, il ne devait pas être dur dans la vie privée : un lion qui aurait des grâces dans l'intimité de son antre.

Jouisseur et sensuel. En amour, un taureau.

Sa mort tragique était prévisible.

T. R. P. DIDON

DE L'ORDRE DE SAINT-DOMINIQUE

MARS ET LA LUNE

Il est vraisembla-
ble que son entrée
dans les Ordres dès
la tendre jeunesse a
modifié le naturel
peu monastique du
R. P. Didon, qui est
une des personna-
lités les plus éviden-
tes de la France
catholique et, aussi
peut-être, du Paris
mondain. Mais je dé-
tourne mes regards
de la belle et ample
robe blanche qui le
revêt, pour demander
à son visage le secret
de son caractère, an-
térieurement à une
éducation religieuse
qui a dû porter ses
fruits. C'est au prix
seulement d'un pa-
reil sacrifice — car

R. P. DIDON,
né au Touvet (Isère) le 17 mars 1840.
Ph. Camus.

c'en est un de ne pouvoir m'arrêter dans la contemplation de
la si admirable roble blanche — que j'ai quelque chance d'instruire, en l'art du physionomiste, le lecteur qui m'accompagne
en visite chez nos contemporains célèbres.

D'abord, du caractère martial, le R. P. Didon, — dont l'attitude assurée m'étonna grandement un lundi de Pentecôte que j'eus l'honneur et le plaisir d'être admis à converser avec lui, dans la compagnie d'autres dominicains aimables et superbes, parmi lesquels les RR. PP. Millon et Baudouin l'étaient surtout, — le R. P. Didon, disais-je, a d'abord, du caractère martial, la confiance en soi poussée à l'extrème : il ne doute de rien, et il assumerait, au besoin, des responsabilités graves dans des situations où ses capacités et ses talents seraient impropres. Il est colère ; il aime les plaisirs de la table, les vins bons et le manger point maigre ; il est sensuel et ne s'attache pas dans les relations amoureuses, sans doute parce que la femme n'a point d'âme, ainsi que l'avait du moins décidé, aux temps presque premiers de l'Église, certain concile ; il est violent, parfois brutal, et se plairait, le cas échéant, à défendre sa vie en danger, non en appelant à son secours, du fond de son cœur, des arguments chrétiens et apaisants, mais en se confiant aux vertus meurtrières des armes, ce qui est légitime de la part même d'un moine. Il tient singulièrement à « sa peau », instinct bien naturel, et hésiterait à la sacrifier à sa foi, sentiment moins recommandable. Il aime l'argent et il le dépense plus volontiers pour sa personne qu'en aumônes ou en services rendus. Il a une préférence marquée pour les riches et les puissants, au détriment de l'amour qu'il n'a pas le temps de consacrer aux pauvres. Point scrupuleux, il se donnerait lui-même l'absolution si son confesseur la lui refusait. Dans l'intimité, dans la camaraderie, des propos libres.

Son caractère n'a rien d'évangélique, et ce n'est pas un homme de vraie foi : une croyance raisonnable. En martial, il vise à la popularité dont il est avide ; il briguera la députation et l'Académie. Il veut des honneurs, des dignités ; il lui faut un rôle bruyant à jouer et il se jettera volontiers dans la politique avec l'ambition d'être chef de parti. Il eût, au siècle dernier, embrassé la religion d'État et sollicité un siège à la Convention.

Si son intelligence est ouverte et lucide, elle n'est pas profonde. Il a le don de l'image, de la couleur et du pittoresque ;

son éloquence n'a point le charme de l'éloquence vénusienne,
mais elle a la vigueur martiale. Toutefois, comme il est naturellement habile, avec des semblants de courage et d'audace, si,
par la brutalité du mot, il donne de la force au discours, il
cherche, par un fond de libéralisme équivoque, à se concilier
les gens de part et d'autre et à concilier toutes les opinions
autour de sa personne. Il souhaite qu'on le croie philosophe.
Son activité est puissante, et non comme cette activité nerveuse,
irritable et agitée, qui trouble jusqu'au repos des nuits. Le sommeil du R. P. Didon, sommeil réparateur, ferait envie à ces
justes qui, dormant bien, dorment pourtant moins bien que lui.

En somme, dans ces conditions, l'ample et belle robe blanche
ne siérait pas mal à M. Jean Jaurès, qui y gagnerait en prestige,
d'autant que sur la laine blanche sa barbe d'or se détacherait
avec avantage. Mais il tient à son veston.

Parlant du R. P. Didon, j'ai employé à tort le présent de l'in-
dicatif, forme trop affirmative ; le conditionnel eût mieux servi
mes desseins, car l'influence du monastère serait peu de chose
si elle ne triomphait pas des penchants malins.

L'habit fait peut-être le moine...

CASIMIR-PERIER

MARS ET LA LUNE

CASIMIR-PERIER,
né à Paris le 8 novembre 1847.
Ph. Ladrey-Disdéri.

Énergie sans durée. Un homme de premier mouvement et de coups de tête, toujours compromis par une hésitation au dernier moment, et qui font s'accomplir *trop tard* les actions spontanément décidées. Et, pourtant, un tel homme ne peut compter que sur la violence de ses coups de tête, car il manque absolument de réflexion et de jugement, et il ne sait pas tirer parti de ses avantages.

Il y a de la maladresse et de la naïveté dans ce caractère, avec beaucoup de bravoure vraie. Il est tout à l'impression du moment, c'est elle qui le pousse. Ce n'est point du tout le *bull-dog* antipathique des caricatures et des articles de ses adversaires politiques.

Un coup d'État eût été tout à fait du caractère de M. Casimir-Perier, et, avec la fougue de ses idées de premier mouvement,

il eût été capable d'y réussir sans la tendance à hésiter au
dernier moment, qui, dans les grandes occasions, s'exagère
inévitablement. Une révolution ayant éclaté pendant son passage à l'Élysée, il l'aurait d'abord bravée et eût été dur dans la
répression, mais il aurait faibli si la résistance s'était prolongée,
sans toutefois déserter son poste. Il est, comme Stamboulov, avec
moins de brutalité, de ces hommes qui veulent s'affirmer autori-
tairement et qui, bientôt vaincus, finissent par être les victimes
de leur tyrannie faible d'un moment. Et puis, avec un premier
ministre comme M. Charles Dupuy, beaucoup plus dangereux et
plein de beaucoup plus de moyens d'action souterraine qu'on
ne le suppose, il eût été fatalement inférieur dans toute circon-
stance. En somme, moins de distinction dans le caractère que
M. Carnot, mais plus de fierté et de courage que M. Félix Faure.

Très attaché aux jouissances physiques. Chez lui, parmi les
siens, des colères terribles qui passent vite.

Remarquez ceci : que, chez les hommes de premier mouvement, la chance est sans durée quand ils ne joignent pas à leur
spontanéité d'action des qualités de décision clairvoyante, mais
qu'elle peut atteindre, parfois, à des sommets prodigieux. On ne
saurait dire qu'il ne méritait pas sa haute et éphémère situation,
car l'expérience ne nous prouve pas qu'il faille, pour occuper le
poste de Président de notre troisième République, un génie bien
rare; mais, dans cette situation, il ne méritait pas non plus les
outrages dont il fut l'objet.

S. M. HUMBERT Ier

ROI D'ITALIE

MARS, LA LUNE ET LA TERRE

Les préséances édictées par le protocole m'auraient obligé à donner le pas au roi Humbert sur son ministre Crispi, et à le placer en tête des Martiaux ; mais j'ai préféré signaler d'abord ceux chez qui le caractère de Mars se manifeste le plus dangereusement. Dans ces conditions, la place d'honneur revenait au serviteur et non au maître. Dans le voisinage plus sympathique de M. Casimir-Perier, le roi d'Italie trouvera une compagnie meilleure.

Sa Majesté prend un plaisir extrême aux choses militaires ; cependant Elle est plus martiale par goût des parades et des pompes que par amour de la guerre. Le brillant des cérémonies militaires la séduisent et l'enthousiasment infiniment.

Son intelligence est ordinaire, mais Elle n'a pas la vision des situations politiques menaçantes ; Elle est, du moins, d'une opiniâtreté et d'une ténacité aussi fortes qu'irraisonnées. Elle saurait défendre sa couronne avec rigueur, et, dans la répression d'une révolte, par exemple, Elle serait terrible.

Le roi d'Italie a des mouvements de brusque colère qu'il faut laisser passer, et ne pas essayer de vaincre son entêtement. Il n'est point du tout doué de l'esprit gouvernemental ; il n'a pas les conceptions d'un chef de gouvernement, mais il sait être un bon exécuteur des idées des autres. Par exemple, si un ministre a gagné sa confiance, il le laisse volontiers gouverner en son nom, et, quand vient l'heure des accomplissements, il se montre empressé à être l'homme du pouvoir exécutif. Il est d'un extérieur optimiste, avec un fonds pessimiste. En pleine conscience de malheurs inévitables, il dit : « Ce malheur ne nous atteindra pas », et il s'applique à ancrer chez les autres un optimisme et une sécurité qui, chez lui, sont de surface.

Une apparence d'audace cache un fond de timidité et de manque de confiance en soi. Il est inquiet, défiant et soupçonneux ; tour à tour, il est ou taciturne ou loquace. Il est capable de résolution subite et de coups de tête. Son énergie et sa volonté sont toutes d'élan. Il a un fonds religieux, il est superstitieux et fataliste. En guerre, il ne se montrerait pas tacticien brillant, mais il aurait la bravoure du combattant héroïque dans la mêlée,

S. M. HUMBERT Ier, né le 14 mars 1844.

Ph. Flli d'Alessandri.

situation invraisemblable pour un roi.

Dans son ménage royal, il est mari fidèle et jaloux, et dominé, malgré son extérieur tyrannique. Bon cœur affectueux et secret désir d'être consolé et encouragé tendrement. Il est faible avec les siens. Un sensuel aimant.

Un malchanceux. Il pense souvent à la mort, et la redoute

PAUL JANSON

MARS, LA LUNE ET SATURNE

PAUL JANSON, né à Herstal le 11 avril 1840.

Ph. Séruzet.

A Bruxelles, les catholiques l'ont souvent appelé le « Clémenceau belge », ce qui n'était point fait pour lui causer du déplaisir, bien que ses adversaires attachassent un sens malveillant à cette façon de signaler son anticléricalisme athée. Le chef du parti radical de Belgique ne ressemble pas du tout au nôtre. Il n'en a ni la distinction, ni le sang-froid, ni même la lucidité d'esprit.

Les traits de ce visage vulgaire ne sont pas en harmonie avec la valeur de l'intelligence, qui est cependant un peu trouble, avec de la confusion dans les idées, mais celles-ci exprimées fortement ; la couleur, pour prendre une comparaison dans le domaine de l'art, en sauve le dessin vague. C'est un systématique qui se perd un peu dans les systèmes. Un matérialiste et un positif qui n'a point d'idéal ; une organisation sociale exclusivement économique lui semble suffisante, et c'est, d'ailleurs, quand il cherche à y mêler quelque idéalité qu'il s'embrouille.

Ambitieux taciturne. Ame concentrée. Encore une volonté apparente, bien que s'affirmant violemment. Beaucoup plus de ténacité dans les opinions que dans l'action. Un orgueilleux rarement content de lui-même, et jamais des autres. Homme sombre, silencieux dans la vie privée, solitaire et aimant son cabinet de travail, il est d'un abord difficile. Il a l'arrogance muette. Au pouvoir, il serait dur avec l'adversaire. Des colères profondes qu'il s'efforce de dissimuler.

Pas plus dans son esprit que dans sa personne, vous ne trouverez rien de brillant. Il aime le bien-être, mais terne, sans luxe. C'est un jouisseur raté qui n'a pas en lui les éléments nécessaires pour être un viveur. Bon appétit sensuel, sans être dominé par lui. Ce chef de parti, capable de grands coups d'autorité, se laisse gouverner dans son intérieur.

Les révolutions ne lui seraient point propices. Périls à craindre, dont le moindre serait la prison.

GÉNÉRAL DODDS

COMMANDANT LE CORPS EXPÉDITIONNAIRE DU DAHOMEY

MARS, MERCURE ET LA LUNE

Général DODDS,
né à Saint-Louis (Sénégal) en 1842.

Ph. Chambon.

Un soldat chanceux, mû par une ambition secrète et active, à laquelle il devra un avancement rapide jusqu'aux plus hauts grades. Il a la sollicitation discrète, par orgueil, et ce n'est pas un courbeur d'échine, mais il est habile et ne craint pas de frapper aux portes, de même qu'il sait se créer des amis parmi les puissants. Vous sentez là l'alliance de Mercure à Mars : Mars, la fierté, et Mercure, l'adroit avec tact.

C'est un homme audacieux, agissant d'inspiration, susceptible de coups de tête. Il y a du joueur en lui. Un grand courage, et, après la vie de camp, du penchant au plaisir. Il n'est jamais indifférent à ceux qui l'approchent. On le craint.

on se méfie de lui, on le jalouse ou on l'adore. Dans son entourage, il a dû s'attirer autant de solides amitiés que d'inimitiés envieuses.

Bon cœur et générosité.

Soldat heureux, sa chance l'abandonne dans les choses d'argent.

PAUL DE CASSAGNAC

CHEF DU PARTI BONAPARTISTE

MARS, MERCURE ET VÉNUS

Le caractère prime l'intelligence, qui est vive cependant. La réflexion est prompte. Grande énergie de parole et d'action. C'est un homme qui obéit à un besoin impérieux de parler et d'agir ; il lui faut avoir toujours à attaquer ou à se défendre ; il excelle dans la lutte, et l'on se demande ce qu'il ferait ailleurs que sur les bancs et dans la presse de l'opposition. Il n'y a pas d'attitudes en lui. Son courage et son audace sont vraiment du courage et de l'audace, mais elles sont encore exaltées par ses passions ou son imagination. Déjà violent de nature, il se monte, se grise dans la bataille politique. Sa parole, qui est rapide dans l'improvisation de la réplique, dépasse toujours le but de sa pensée, ou plutôt de son sentiment. Sans aucune hésitation, il prend spontanément un parti, et, ferme dans sa résolution, il bondit, sans souci des obstacles, des résistances qu'il rencontre ; mais, entraîné par sa pétulance et son impatience, il est comme le fusil trop chargé qui éclate entre les mains du tireur, ce qui l'expose à des fracas inutiles. Bien qu'il soit un lutteur aimant la lutte, — lutte par les idées et lutte par l'action — il est beaucoup moins terrible et dangereux qu'il n'en a l'air. Il y a en cet homme viril un petit côté féminin, qui fait qu'il s'émeut du sang-froid d'un adversaire. Il se trouve bien mieux à son aise en présence d'un violent comme lui ; dans le cas contraire, il perd de ses moyens.

Dans ses nombreux duels, un amour-propre d'homme voulant montrer son courage se mêle à sa combativité naturelle. Il est implacable dans ses colères tapageuses ; toujours porté à la vengeance. il est hargneux et s'acharne sur l'ennemi, dont les malheurs le réjouissent. Il dirait, comme Charles IX devant le corps de l'amiral de Coligny : « Le cadavre d'un ennemi sent bon. » Ou bien, despote dans sa conviction, il s'écrierait, comme un preux des Croisades : « Crois, ou je te tue! » Pourtant, après avoir soulagé sa haine, il ne serait pas tout à fait sourd à la conciliation ; il accepterait la main d'un adversaire qui lui aurait tenu tête dans le combat. Il est homme à affronter les situations critiques, et à risquer la mort pour le triomphe de ses opinions ; et il a des audaces étonnantes, qui, dans les cas graves et quasi désespérés, pourraient lui assurer le succès.

De tous les discoureurs que la Chambre a possédés depuis vingt ans et qu'elle possède aujourd'hui, MM. Paul de Cassagnac et Georges Clémenceau sont les deux seuls qui soient vraiment braves*.

La tendresse lui est étrangère. En art, la poésie lui est indifférente ; il ne sent que les choses véhémentes. Les pompes et les parades militaires ont un puissant attrait sur lui ; bien qu'ayant des goûts militaires, il n'a pas l'esprit du soldat. Nous trouvons, dans son caractère, un fonds d'insubordination et de révolte ; mais, par raison et par intérêt, il est attaché à l'ordre et à la discipline ; il est esclave du devoir et fidèle à sa parole. Il est franc, mais il sait être rusé au besoin. Sans cœur tendre, il est charitable sans effort, de même qu'il est dévoué dans l'amitié, prêt à défendre spontanément ses amis, dût-il, si le danger est matériel, exposer sa vie. Ses appétits sensuels sont accusés, et

PAUL DE CASSAGNAC,
né à Paris le 2 décembre 1842.
Ph. Camus.

---

* J'ajouterais aussi M. Paul Déroulède, si son séjour à la Chambre n'avait pas été si passager.

sa nature le disposerait à être un viveur effréné ; mais des principes passionnément adoptés ont pu triompher d'inclinations mauvaises. Tous ces « mais » s'expliquent par l'influence mercurienne dans le caractère, par des inclinations multiples et diverses.

Il n'est pas étonnant qu'un homme de ce type aime les exercices violents de l'escrime et de la chasse, et qu'il soit enclin — Mars — aux grossièretés de langage.

Il est menacé d'être victime d'un assassinat.

EDVARD GRIEG

. MARS ET JUPITER

Deux êtres ne furent jamais plus unis qu'Edvard Grieg et son
épouse. Alliance d'artistes. Ils communient dans un pareil amour

EDVARD GRIEG, né à Bergen le 15 juin 1843,
et Mme ED. GRIEG.

Ph. Reutlinger.

de la musique et de la Norvège. Le musicien émouvant et charmant, qui a si poétiquement exprimé l'âme de son admirable
pays, où la mer toute bleue s'en vient mourir dans l'angle des
fjords, au pied des montagnes toutes vertes ou toutes blanches
selon qu'en décide la saison, pays des printanières nuits sans nuit

13

et du long sommeil de la verdure sous la neige ; le musicien national, le commentateur providentiel du beau sentiment répandu dans les vers de ses compatriotes, Vinje, Ibsen et Bjoernson ; l'auteur de ces romances fortes et viriles : *le Printemps, les Montagnes natales, la Vieille Mère,* — et de ces autres, délicieuses et mélancoliques : *la Chanson de Solveig, la Jeune Princesse, le Cygne,* a rencontré dans sa compagne le meilleur interprète de ses œuvres. C'est une joie seulement connue de quelques-uns d'avoir entendu Mme Grieg chanter les lieds de son mari, qui l'accompagne au piano. Pourquoi les aurais-je séparés ici, eux qui ne se quittent jamais, les étés à Bergen et le reste du temps passé en courses à travers l'Europe, dans les capitales et dans les grandes villes ? Car c'est un heureux privilège des musiciens de pouvoir, parlant une langue universelle, transporter leurs œuvres en tous lieux et transmettre à tout ce qui jouit d'une âme les mouvements de la leur.

Le visage de Grieg présente à la fois de la douceur et de la vivacité ; on devine un audacieux sous un familier ; il aime la couleur et son sentiment mélodique est profond ; il est sentimental et il est aussi sensuel ; les choses extérieures, qui donnent en art le pittoresque, le frappent autant que le touchent les mystères intérieurs, et ses émotions s'entretiennent sans cesse à cette double source : la vie intime et le décor. Tel est le caractère de l'homme ; et comment ne serait-ce pas également celui de sa musique ?

Il est imaginatif et intuitif, point du tout raisonneur ; il travaille d'inspiration. Il a tout d'abord l'imagination tragique et violente ; puis, sous l'empire d'un besoin de simplicité sentimentale, son romantisme s'atténue, les images s'adoucissent sans cesser d'être lumineuses, et l'inspiration devient simplement triste. Il a d'abord entendu en lui un fracas d'âmes pleines d'angoisses et de terreurs, il a aperçu une nature effroyable ; mais voici qu'apparaissent dans des prairies vertes, aux penchants des monts, sur les rivages des fjords, sous l'azur infini, parmi des bruits lointains de danses champêtres, mélancoliques comme des souvenirs ou des cors de montagnards, troublant-

comme un appel d'ami invisible, voici des êtres évidemment désolés et désespérés, mais non tumultueux, des êtres trop naïfs pour se révolter, trop émus par la beauté du ciel et des sites pour blasphémer, et qui pleurent parfois en s'accompagnant d'airs joyeux, comme cette pauvre Solveig, abandonnée, qui parle de mourir et qui fredonne une mélodie rapportée du bal, un soir sans doute qu'elle avait dansé avec l'amant en allé... C'est ainsi que se manifeste, chez Edvard Grieg, le caractère de Mars.

En martial, il aime encore la gloire et la patrie; il est irritable, colère, agressif, orgueilleux et ne supporte pas les atteintes à sa personne : il ne craint pas les ennemis, qu'il braverait ; il n'a point de timidité, il serait plutôt arrogant; il aime l'argent et le dépense pour son bien-être. Il n'accepte aucune contrainte.

C'est un homme très affectueux, sentant vivement et pouvant souffrir énormément par le cœur. Il est fidèle, et, malgré sa bonté foncière, il n'est pas toujours agréable de vivre près de lui à cause de ses bizarreries d'humeur. Chez lui, il veut être le maître, et il l'est.

' Mme Ed. Grieg (*la Lune et Vénus*). — Vénus très peu. C'est le visage d'une personne aimante, fidèle aux habitudes de son cœur, dévouée, soumise et qui s'efface volontiers.

De l'ignorance naïve en beaucoup de choses; incapable non seulement de faire, mais de concevoir le mal. Peu d'imagination, mais sujette aux pressentiments : ses songes se réalisent fréquemment. Elle aime la conversation, sans y mêler de médisance. Inaptitude absolue à compter. Épouse pleine de soins et de prévenances, elle voudrait être une bonne ménagère et ne le sera jamais.

Il y a en cette femme excellente un fonds de mélancolie douce, sans cause.

LE CARACTÈRE LUNAIRE

Dans les sphères intellectuelles, le type lunaire se distingue par des qualités d'indépendance passive. Beaucoup d'artistes et de savants qui tiennent à leur tranquillité, et qui poursuivent sans bruit et à l'écart leur carrière, appartiennent à ce type. Mais cette influence n'exclut pas une certaine habileté, qui consiste à se faire défendre par les autres. Les Lunaires, comme les Terriens, sont très fréquents. Ce sont ou des rêveurs, ou des hommes attachés et fidèles. La mauvaise influence de ce caractère produit des hypocrites lâches, des faux bonshommes dans toute l'horreur du mot. Nous avons eu déjà l'occasion d'en rencontrer plus haut. Des alliances avec d'autres types modifient beaucoup le type lunaire.

La Lune domine chez l'empereur d'Autriche, et chez MM. Puvis de Chavannes, Auguste Rodin, Berthelot, François Coppée, Jules Lemaître, Édouard Hervé et Édouard Detaille. Nous la retrouvons avec moins d'influence, en bien ou en mal, chez MM. Casimir-Perier, Félix Faure, Francesco Crispi, Stamboulov, Jules Simon, Janson, Paul Déroulède, Henry Maret, Mirman, Pasteur, Edison, Camille Flammarion, Jules Massenet, Émile Zola, Alphonse Daudet, Victorien Sardou, Francisque Sarcey, Maurice Mæterlinck, Joséphin Péladan, Émile Bergerat, Camille Lemonnier, Coquelin aîné et chez Léon XIII, Guillaume II, Nicolas II, Léopold II, Humbert Ier, l'amiral Gervais, le général Dodds et le R. P. Didon.

S. M. FRANÇOIS-JOSEPH

EMPEREUR D'AUTRICHE

LA LUNE ET SATURNE

S. M. François-Jo-
seph est un empereur
naturellement pacifique,
un homme excellent,
dont les amitiés sont
franches. C'est une âme
triste, avec un fonds de
mysticisme ; il a la résignation religieuse. La
femme le subjugue faci-
lement ; son cœur est
faible. Il a une tendance
à se laisser duper.

Il est craintif et pru-
dent jusqu'à la peur et
se méfie des coups d'au-
dace, des aventures et
des entreprises témé-
raires. Il procède par
tradition et repousse
d'instinct toute innova-
tion. Il manque d'ini-
tiative et de volonté

S. M. FRANÇOIS-JOSEPH,
né à Vienne le 18 août 1830.

Ph. Angerer.

ferme ; il n'a d'opiniâtreté que dans la fidélité à ses idées,
l'énergie lui fait défaut dans l'accomplissement des faits. Il
est loin d'être un belliqueux et un homme d'action. Il est

d'un caractère conciliant, il ne tirerait l'épée qu'à contre-cœur, ayant horreur du sang et de l'aléa. Mais il est susceptible de se laisser entraîner par des influences mauvaises dont il serait victime; car il y a du fatal dans son visage, et la guerre lui est néfaste. Il craint les compromissions, mais la fatalité le pousse à contracter des alliances. On ne peut imaginer deux caractères plus dissemblables que ceux de François-Joseph et de Guillaume II. L'alliance avec ce dernier doit faire trembler l'empereur d'Autriche, qui, à coup sûr, ne demanderait qu'à se dégager.

Diplomatiquement, il est arrangeant. Sa prudence et ses craintes excluent toute lâcheté. Il a le courage du devoir et saurait mourir à son poste. Il n'aime point le monde ni les cérémonies, ni le faste, mais il s'y résigne par nécessité, et, alors, en ayant accepté la contrainte, il tient, par dignité, à ce que les choses soient grandement faites, sans espoir d'y trouver aucun plaisir. Il entend que l'Empereur en lui soit respecté, mais l'autorité personnelle lui est étrangère. D'ailleurs, il n'a pas le prestige du commandement, on ne lui obéit qu'à cause de sa qualité. Dans la vie ordinaire, ce serait un homme appelé à servir les autres et non à être servi. Nature solitaire et renfermée, il est expansif à ses heures et la larme coule facilement. Des tristesses accablantes et fréquentes.

Son ambition est d'être un sage. Il est le type de l'homme maladroit et extraordinairement inclairvoyant, qui se perd en croyant agir avec sagesse. Il n'a pas non plus l'inspiration des bons conseils, il ne voit pas les situations; pourtant, son désir est d'être un conseiller secourable.

L'empereur est un parfait honnête homme, fidèle à sa parole et observateur de son devoir. En religion, il est scrupuleux. Il est plus attaché d'amitié que d'amour; il est malheureux dans ses affections. Il aime son foyer domestique, étant doué de toutes les vertus familiales. Homme triste et inquiété par de constants mauvais pressentiments, il cache ses chagrins au fond de lui-même. S'il est tardif à prendre une résolution, il s'y entête quand elle est prise.

Malchanceux. Le moindre des dangers qui le menacent est d'être trahi dans son entourage.

Des trois monarques de la Triplice, deux ont dans la physionomie quelque chose de fatal ; le troisième, Guillaume II, est un téméraire, un imprudent.

PUVIS DE CHAVANNES

PEINTRE

LA LUNE, SATURNE ET JUPITER

Le front est beau, le visage a de l'assurance et de la force ; l'expression est pensive et l'attitude d'une grande simplicité. La conception et les idées de notre grand peintre sont originales. C'est un homme réfléchi, méditatif, un esprit philosophe, sans inspiration, mais profond et observateur. Sa digestion intellectuelle, si je puis dire, est lente ; le travail est difficile, mais opiniâtre. Inébranlable dans ses convictions ; indifférent aux critiques, aux louanges et aux conseils. Doué d'une longue patience, les obstacles ne le découragent point. Mélancolie douce.

Artiste ambitieux, il est indépendant et fier. Il sait merveilleusement faire pressentir ses désirs sans jamais les témoigner ouvertement ; il n'est solliciteur ni pour lui, ni pour les autres. Très habile diplomate, il est plein de réserve et tient à ne se créer d'hostilités nulle part. Son amour-propre est susceptible. Toujours bienveillant, il est prêt à rendre tous les services, à condition qu'il les puisse rendre directement, sans avoir recours à personne. Sa prudence dans la vie et sa liberté en art expliquent comment il est un grand artiste encore discuté, alors que les honneurs et les distinctions ne lui ont point manqué cependant. Il est plein de dédains intimes qu'il ne montre pas.

Ni sentimental, ni mystique. Il a de la beauté une notion tout intellectuelle. La force de sa conception est dans l'équilibre puissant de sa pensée, de même que la perfection de sa réalisa-

tion est dans l'opiniâtreté, non dans l'adresse. Il ne devine pas,
il comprend.

C'est un jouisseur et un sensuel discret, silencieux et, comme
en tout, indépendant. Il a peur des « chaînes » et se défend des
liaisons tyranniques.

PUVIS de CHAVANNES,
né à Lyon le 14 décembre 1824.
(D'après une maquette commémorative, par Aug. Rodin.)

AUGUSTE RODIN

LA LUNE ET SATURNE

AUGUSTE RODIN, né à Paris en 1840.

Ph. Benque.

Il arrive qu'un grand peintre et un grand sculpteur voisinent en ces pages. Le fait est normal.

Les points de ressemblance sont : la faculté de travail persévérant, un esprit philosophe et méditatif, de l'indépendance, de l'originalité, point de mysticisme, de la force. Nous ne voyons pas en Rodin ce côté de caractère olympien que nous avons dévoilé en Puvis de Chavannes. Le visage a moins d'assurance. Il y a chez le sculpteur de la sauvagerie douce, et il est un peu craintif. De même, aucune habileté ne se signale dans son caractère ; il a, au contraire, une disposition incurable à être dupe. C'est un homme qui ignore absolument l'art de se faire valoir.

C'est un observateur. Comme Puvis de Chavannes, il est mieux doué en réflexion qu'en inspiration, dont il n'est pas

dénué pourtant. Celle-ci, chez lui, est sensuelle, comme sensuelle
est aussi son observation. Mais sensuel, il l'est à froid, intellec-
tuellement. Sa sculpture l'est plus que lui. Sensualisme d'art.
Il est tenace dans la poursuite du travail. Point imitateur d'autrui, il l'est de la nature. C'est un courtisan de la nature, un
Pygmalion amoureux de ses œuvres. Il s'exalte dans la caresse
de l'exécution ; il lui semble qu'elles vont palpiter, et il s'accou-
plerait presque à son marbre s'il le pouvait. Tel est vraiment
son sensualime.

Autrement, l'homme est sobre par nature ; il tient à ses habitudes et n'a aucune inclination à la vie mondaine ni au plaisir, Un
ascète laïque. Il n'est point du tout solliciteur et peu protecteur ;
non qu'il manque de bonté, au contraire, mais par crainte de
contracter des engagements en demandant pour d'autres des
faveurs qu'on n'accorderait, en réalité, qu'à lui. Il aime jouir de
l'indépendance dans la tranquillité, sans rien devoir à personne,
comme il est des hommes qui jouissent de l'indépendance dans
l'ingratitude, en devant tout à autrui. Ainsi que tous les amis
sincères, il prodigue peu son amitié.

MARCELLIN BERTHELOT

SÉNATEUR ET MINISTRE

Secrétaire perpétuel de l'Académie des Sciences.

LA LUNE ET SATURNE

Et puis. après un voisinage de deux grands artistes, voici un grand savant qui s'approche d'eux. Trinité glorieuse.

M. BERTHELOT,
né à Paris
le 27 octobre 1827.
Ph. Pirou.

M. Berthelot, chercheur opiniâtre, observateur profond, est guidé à la fois par un esprit systématique et une intuition rêveuse. Un savant est toujours un homme qui contrôle des hypothèses plus ou moins heureuses. Il doit à son intuition clairvoyante des hypothèses heureuses, comme il doit à son opiniâtreté de contrôle dans l'observation de découvrir encore quelque chose de plus qu'il ne cherchait au fond du creuset.

Il jouit sans orgueil — mais il en jouit — de son autorité scientifique. Il est de ces modestes qui n'arrivent à la consécration que par l'estime des autres, sans avoir dû lutter personnellement pour se faire au soleil la place qu'ils méritaient. Aussi n'ont-ils pas des réussites précoces. Un ambitieux tranquille. Il a des goûts très simples, et, s'il était religieux, le cloître ne l'effrayerait point, à condition d'y travailler à son gré.

En politique, il est systématique, mais il n'entend rien au maniement des hommes, et, bien qu'il sache très bien diriger ses affaires domestiques, il manque de prévoyance dans le gou-

vernement des affaires politiques. Il n'a pas de décision et il est
dépourvu de toute habileté, se trouvant tout de suite à court
d'expédients dans les grands embarras. Il est très franc, très
loyal; on le trompe aisément.

Une grande intelligence. Un homme terne dans l'action.
A chacun son lot; le sien est des plus enviables. Les ministres
passent, les savants restent.

FRANÇOIS COPPÉE

DE L'ACADÉMIE FRANÇAISE

LA LUNE ET SATURNE

FRANÇOIS COPPÉE à 30 ans.

Ph. Boissonnas.

La Poésie est du cortège lunaire et saturnien ; — voici François Coppée, le doux Maître indulgent et serviable.

L'influence de la Lune domine beaucoup celle de Saturne. Nous sommes en présence d'un caractère sentimentalement faible, mais tenace dans ses opinions, dans ses idées. Une tendance pleureuse dans une nature au fond insouciante. Dans l'intimité il se laisse volontiers conduire, pourvu que l'on ne froisse pas ses idées sentimentales ; pourtant, il est plus tendre par l'imagination que par le cœur. L'amoureux d'une idole imaginaire, qui ne fait point souffrir. Pour travailler, il a besoin de calme et d'isolement, et il aime la solitude, la rêverie au coin du feu, dans la demi-obscurité ; il s'abandonne volontiers aux souvenirs qui lui sont chers, ayant cette prédisposition des hommes peu actifs à vivre dans le passé. De la résignation

facile. Il est sensible et impressionnable, et irritable, sans être
colère. Il a de l'ordre, il est prudent dans la dépense. Un peu
maniaque. Son oreille nous signale l'amour de la propriété. Si
son imagination n'est point casanière et s'envole avec plaisir, il
n'est, lui, aucunement vagabond. Il lui faut *sa* maison.

Très fin dans l'observation et dans le jugement. Il est religieux — toujours le sentimental — à sa façon. La lutte ouverte, sous quelque forme qu'elle se présente, lui fait horreur. Un duel ou une polémique l'effrayeraient. Néanmoins, il n'est pas vraiment un conciliant, bien qu'en certaines circonstances, où il sent le danger de se compromettre, il ait le désir de l'être. Ambitieux que l'ambition ne consume pas. Il rend avec plaisir des services, protégeant ceux qu'il voit faibles. Il est bon spontanément; mais, quand il s'agit de

FRANÇOIS COPPÉE, né à Paris en 1842.

Ph. Nadar.

dénouer les cordons de sa bourse, il le fait plus par raison, par
devoir, que par une générosité naturelle. Vieux, il sera avare.

M. François Coppée est un demi-penseur, il ne va pas au fond
des choses; sa tendresse l'arrête et il chante. En amour il n'aime
point le changement. Les hommes de ce caractère à vingt ans
adorent les femmes mûres et à cinquante les toutes jeunes filles.

JULES LEMAITRE

DE L'ACADÉMIE FRANÇAISE

LA LUNE, MERCURE ET JUPITER

Tout dans ce visage révèle une ténacité insinuante. Le front avoue plus d'entêtement et de mémoire que de supériorité conceptrice ; le menton un peu en « galoche » est emmanché dans une mâchoire persévérante ; le nez est « roublard » ; la bouche a de la finesse maligne ; le regard est direct, mais prudent. Un tel homme manque d'audace et n'agit pas ouvertement. Sa loyauté est sujette à caution. C'est un ambitieux à la fois flatteur, ingrat et quelque peu perfide. Sa jalousie et son envie ne troublent point son sommeil, mais l'incitent à une offensive habilement dissimulée ; il couvre ses adversaires de fleurs empoi-

JULES LEMAITRE,
né à Vennecy (Loiret) le 27 avril 1853.
Ph. Boyer.

sonnées. Il est à demi médisant, trop intelligent, trop adroit et, en même temps, trop amoureux de son repos pour nuire tout à fait à autrui et attaquer de façon à compromettre sa tranquillité. Il tend la main à ceux contre qui s'exerce son insinuation, qui prend un faux air d'obligeance.

Sa nature n'est pas rayonnante ; il est antipathique à pre-

M. Jules LEMAITRE,
dans un de ses derniers portraits.

Ph. Reutlinger.

mière vue, mais il sait l'art de pénétrer dans les intimités qui lui seront profitables. Il n'est pas vraiment indépendant sous des dehors contraires ; il comprend les avantages de la « coterie ». Les honneurs lui sont fort agréables et il les recherche en

14

déployant une activité silencieuse. Il est très chanceux, et cela se conçoit.

C'est un homme sans conceptions grandes, sans profondeur; ses aptitudes sont nombreuses, mais il est superficiel en tout. Que son travail soit facile — des hommes de génie, pour d'autres raisons, ont eu aussi le travail facile — c'est une conséquence logique de son assimilation sans force et peu pénétrante. Observateur des gestes et des paroles, les âmes des hommes lui restent closes. M. Jules Lemaître est un butineur qui fait son miel littéraire en empruntant à droite, à gauche, ici, là, plus loin et ailleurs, le suc des plantes; il va de l'absinthe à la rose et de la rose au pavot, et son miel n'a point de goût particulier. Les morts lui sont d'autant plus chers qu'il en profite. Retirez-lui la mémoire, et vous aurez un écrivain impuissant. Tout son talent — il est en cela considérable — est dans sa mémoire qui a tant fleureté.

Il aime ce qui semble écrit facilement et ce qui semble observé.

Il ferait un déplorable mari, sans charme dans son intérieur, sans amabilité intime. Il a le goût du célibat. Il faudrait pour qu'il se mariât — ou remariât, car il a déjà tenté l'aventure — que la fortune fût engageante.

ÉDOUARD HERVÉ

DE L'ACADÉMIE FRANÇAISE

LA LUNE ET MERCURE

Un homme d'une intelligence très équilibrée. Il est moins observateur que logique dans l'enchaînement des idées. En politique, cela mène à l'erreur. Aussi n'a-t-il pas de clairvoyance. Il est opiniâtre dans ses opinions et sage dans le sens de modéré ; il pécherait même par un excès de prudence. Il serait indécis dans l'application des grands moyens ; il serait capable de les conseiller, mais il hésiterait à en assumer la responsabilité, et point du tout par lâcheté, n'étant pas un homme à exposer les autres sans vouloir s'exposer lui-même ; il montrerait même dans ses conseils de la réserve, et il ne dissimulerait pas ses appréhensions. Un homme honnête sans défaillance. Il a la volonté de l'homme raisonnable impuissant à agir spontanément ; il agit par obéissance à ses idées, à ses

ÉDOUARD HERVÉ,
né à Saint-Denis (Réunion)
le 28 mai 1835.

Ph. Camus.

principes, et toujours avec précaution et modération. Il comprend vivement les avantages de la spontanéité, de la décision, de l'autorité s'affirmant avec audace, mais sa nature calme ne l'y dispose pas. Il est de ceux, remarquables, qui s'entendent admirablement à servir un parti au pouvoir, un parti solidement situé, et qui sont impuissants à le relever comme à le défendre après la chute.

Si nous ignorions que M. Édouard Hervé est journaliste, homme de lettres, académicien, nous dirions à le voir « un diplomate ». Et dans la diplomatie, très adroit, d'une ruse pleine de tact, sachant prendre les hommes, les tenir et les engager à donner leur parole; et cela toujours avec un esprit de conciliation. N'est-ce pas, d'ailleurs, dans la diplomatie que peut s'exercer le plus brillamment une combativité douce qui est dans l'intelligence et non dans le tempérament, quand on est doué de tact à la façon des Mercuriens ou de patience comme les Saturniens? Un ministre des Affaires étrangères manqué.

Sa vie et sa conduite sont très réglées; il administre sagement ses affaires, craignant de se risquer dans les choses hasardeuses, qui lui sont funestes d'ailleurs, car il n'a pas ce genre de chance. Il est maître de lui-même, discute, travaille et pratique avec méthode. Il manque d'enthousiasme, n'ayant l'âme agitée ni par de grands sentiments, ni par des passions fortes. Il a la perception des intérêts matériels de l'existence. Il tient beaucoup aux formes, aux convenances et à la considération publique. Il est plus juste que généreux, son obligeance est raisonnée. Sa religion est une religion de principes, de tradition et de forme; il ignore les élans des âmes passionnément croyantes.

L'imagination est à peu près nulle chez M. Hervé. Un homme de raison.

ÉDOUARD DETAILLE

DE L'ACADÉMIE DES BEAUX-ARTS

LA LUNE ET MERCURE

Il faut faire un grand effort pour se persuader que cette physionomie est celle d'un artiste. D'ailleurs. M. Édouard Detaille ne l'est peut-être pas. Un soldat plutôt. Mais, ayant des aptitudes et des goûts militaires, ceux-ci se manifesteraient dans le commandement, et non dans l'obéissance.

Un observateur superficiel; son regard direct n'est pas pénétrant. Il voit les choses à la façon de ces reporters-dessinateurs des journaux illustrés, qui suivent les armées en cam

ÉDOUARD DETAILLE,
né à Paris le 5 octobre 1848.

Ph. Benque.

pagne ou en grandes manœuvres. Sa vision est impersonnelle, sans profondeur, sans force même, sans émotion. Une intelligence froide, un cœur sec. Son imagination est sans mouvement, sans chaleur; son invention est sans variété.

Parmi les Mercuriens se rencontrent, dans les sphères ordinaires, beaucoup de ces prestidigateurs qui étonnent, de ces hommes prodigieusement adroits de leurs mains. Leur intelligence est tout à fait secondaire pourtant. C'est le cas de bien des peintres et, tout particulièrement, de M. Édouard Detaille, dont l'adresse manuelle mérite les plus grands éloges. Ses œuvres plaisent par leur précision photographique. Du général au simple caporal, chacun, dans ses tableaux, reconnaît avec joie les insignes de son grade ; du chassepot et du fusil Gras qu'il réussissait à merveille il a passé sans difficulté au Lebel. Uniformes français de toutes les époques et uniformes russes, comme d'autres plus étrangers, sont observés dans leurs moindres détails. Voilà de quoi amuser bien des gens faciles à amuser.

Son ambition est ouverte, visible ; il sait solliciter, utiliser ses amis puissants, qui sont à peu près les seuls qu'il ait, parce que ce sont les seuls qu'il recherche avec soin. Il a toutefois une tendance à prendre des façons protectrices avec ceux qui le protègent et il sait leur faire sentir avec tact l'avantage qu'il y a à servir les « hommes de talent ». Dans le jugement artistique, quand il apprécie ses confrères, il se montre sévère et enclin à la critique désobligeante. Il est très susceptible, avec une affectation de dédain. Dans les choses d'argent, il est très intéressé. Jamais dupe. Il n'aime guère passer inaperçu où il se présente, ce qui ne lui arrive guère. Il est de ces hommes dont le monde, peu indulgent, dit : « Quel poseur ! » Mais sa pose est naturelle, sans préméditation ; elle ne semble affectée que parce qu'elle est très apparente. Il est habile à conquérir les gens quand il s'en veut donner la peine, ce qui advient quand ses intérêts et son ambition sont en jeu ; dans le cas contraire, il est antipathique à ceux qui l'approchent et il se crée inconsciemment des ennemis. Faculté de travail.

Son type est banal et se rencontre fréquemment. Vous ne verrez jamais de tels hommes dans l'embarras. Tout leur réussit. C'est que l'assurance jointe à l'habileté et à la faculté de travail ne connaît pas de défaite.

LE CARACTÈRE SATURNIEN

Patience, réflexion, persévérance et méthode, systématisme, organisation, tels sont les grands traits du caractère saturnien. Tristesses amères et orgueil sombre et intime. Avarice.

Sous la domination de Saturne, nous présentons Léon XIII, Léopold II, roi des Belges, l'amiral Gervais, le général de Moltke et MM. Gladstone, Henrik Ibsen, Pasteur, Drumont, Victorien Sardou, Henri Maret et Alfred Naquet.

Beaucoup de nos contemporains ici portraiturés subissent aussi un peu de l'influence saturnienne. Ce sont M. le Président de la République Félix Faure, François-Joseph, Nicolas II, le général Boulanger, MM. Jules Simon, Léon Bourgeois, Georges Clemenceau, Janson, l'abbé d'Hulst, Jules Guesde, Berthelot, Joseph Bertrand, Puvis de Chavannes, Auguste Rodin, Jules Massenet, Alex. Dumas fils, François Coppée, Alphonse Daudet, Joséphin Péladan, Jean Richepin, Camille Lemonnier et l'auteur du présent livre.

S. S. LÉON XIII

SATURNE, LA LUNE ET MERCURE

Le pape est avant tout, par son caractère, un profond politique. Tenace et irréductible dans ses opinions, il opère en tout avec calcul. Il va droit, tranquillement et sans se détourner, vers le but qu'il se propose d'atteindre. Personne ne connaît le fond de sa pensée; il a des semblants d'expansion très habiles. Bien qu'il soit son propre conseil, il invite doucement et onctueusement les autres à présenter leurs opinions, leurs idées, leurs jugements, ce qui chez lui est une façon de les sonder, de les connaître et d'en tirer profit, soit pour les utiliser et se les attacher, soit pour se garantir.

Il n'est pas très clairvoyant, il s'abuse dans ses idées préconçues qui se tournent fort souvent contre lui. Il n'est conciliateur que par politique, point par nature. Il entend exercer pleinement son autorité, son infaillibilité. Profondément dissimulé et rusé, il est tendeur de pièges. Une tendance marquée à l'avarice.

En chrétien, il peut pardonner les offenses ; comme homme, il n'en perd pas le souvenir.

Une croyance religieuse qui vient de la raison et non du cœur.

C'est tout ce qu'il nous est permis de dire de Léon XIII, dont l'intelligence froide sait défendre diplomatiquement l'Église, mais qui n'est point doué de ce feu intime qui enflamme les cœurs pour le triomphe d'une foi — peut-être à jamais morte, après tout !

LÉON XIII (Comte Pecci), né à Carpineto le 2 mars 1810.
Fac-similé de l'eau-forte de Gaillard.

VICTORIEN SARDOU

DE L'ACADÉMIE FRANÇAISE

SATURNE, LA LUNE ET MERCURE

Saturne et la Lune, avec la mauvaise influence de Mercure. Quoi dire de M. Victorien Sardou? Il est évidemment l'un des hommes les plus célèbres de son temps. A-t-il du génie? Je l'ignore, bien qu'ayant lu et vu ses œuvres. Mérite-t-il les faveurs du public et les honneurs qui lui furent prodigués? Ceci ne me regarde pas. Si son naturel n'est point aussi noble et généreux et si son intelligence n'est pas aussi bienfaisante et radieuse que ses admirateurs le supposent, il est probable que, pour avoir mérité tant d'admiration, il est parvenu, au préalable, à réformer ce naturel. Je ne parlerai donc point de lui, mais d'un étranger en veston qui lui ressemblerait comme un frère répudié.

Quelle bonasserie, mais, encore, quelle malice, quel regard faux et, en vérité, quelle sécheresse! Ce frère est dénué de tout beau sentiment; son cœur est un parchemin poussiéreux ravi à de très vieilles archives et, par l'effet d'une renaissance des choses les plus mortes, enfoui dans une poitrine à peine plus humaine que l'antique armoire qui fut la mauvaise gardienne du dépôt à elle confié autrefois. Un type d'avare prodigieux qui se retire dans son cabinet, en pousse les verrous, compte son or et additionne les chiffres de ses bénéfices; la vue de l'or peut lui faire perdre le sens de ses intérêts et l'offre d'un métal merveilleux jeté sur sa table l'incitera à accorder un privilège ou à vendre une marchandise qui, en réalité, a une valeur commerciale beaucoup plus considérable que celle de l'argent offert. De même, il préfère l'or aux honneurs, l'or à la gloire, l'or à l'amour, l'or à tout. L'amour?... C'est le moindre de ses soucis,

n'étant pas d'un cœur affectueux et ses appétits sensuels étant
presque nuls. Il est poltron et sournois; haineux, vindicatif
et très expert dans l'art
de nuire souterraine-
ment. C'est un homme
processif qui vous fait
impitoyablement pour-
suivre et réclame des
juges de grosses indem-
nités de dommages-in-
térêts.

Il est très intelligent,
très fouilleur, très spi-
rituel. Mais son intel-
ligence n'est pas créa-
trice, elle est bonne
ouvrière. Elle sait adap-
ter des formes agréa-
bles, guidée par une
étonnante habileté, et
non par une grande
pensée mère. Il calcule,
mais point dans le sens
qui signifie « aller au
fond des choses »; il
calcule dans l'arrange-
ment, dans la disposi-
tion. Il est dépourvu
d'idées personnelles,
mais il sait admirable-

VICTORIEN SARDOU, né à Paris en 1831.

Ph. Boyer.

ment « machiner » les idées qu'il emprunte à droite et à
gauche. Un machiniste supérieur.

S'il n'était auteur dramatique, il eût pu être un brocanteur
plein de flair, sachant acheter à petit prix et revendre avec de
sérieux bénéfices, tout en souffrant de se séparer des merveilles
découvertes. Dans cette voie, M. Victorien Sardou aurait laissé

une trace importante de son passage en ce monde; les musées se fussent enrichis d'œuvres d'art à être de sa clientèle.

L'éminent académicien — je ne parle plus du frère répudié — est aussi le type de l'homme qui s'ennuie et qui s'invente des distractions. Et l'inconnu de l'autre monde lui inspire une sage terreur. Il doute, raisonne, s'interroge et, comme il n'a ni les audaces du blasphémateur, ni les enthousiasmes des âmes inspirées, ni la force de caractère de certains intelligents profonds, il est inquiet.

GÉNÉRAL DE MOLTKE

DE L'ARMÉE ALLEMANDE

SATURNE, MERCURE

Saturne beaucoup, Mercure un peu. La Lune, qui influe sur Léon XIII et sur M. Victorien Sardou, disparaît ici.

Le général de Moltke (*) est l'homme qui agit avec mesure, calcul et patience, même dans les plus ordinaires choses de son existence. Qu'on l'interroge ou qu'on lui demande un conseil, il remet la réponse à plus tard, après longue réflexion. En dehors du positif mathématique, il ne voit ni ne comprend rien.

Il est excessivement irritable, méticuleux, pointilleux. Esclave de la règle et de la discipline.

Comte de MOLTKE,
né à Parchim le 26 octobre 1800.

Ph. Schaarwachter.

Ce n'est pas un grand concepteur, non plus un grand capi-

(*) Je parle au présent du général de Moltke, bien qu'il soit mort.

taine. C'est un stratège de cabinet bien plus que de champ de
bataille. Il n'a pas d'inspiration, pas d'intuition et sa décision
est lente. Un général perdu quand ses plans sont dérangés. Il
est d'une opiniâtreté aveugle dès que son parti est pris. Esprit
essentiellement systématique.

En religion, un piétiste. Et pourtant une sorte de mélange de
mysticisme naturel et de superstition inquiète.

Encore un avare.

S. M. LÉOPOLD II

SATURNE, VÉNUS ET LA LUNE

S. M. LÉOPOLD II,
né à Bruxelles le 9 avril 1835.
Ph. Camus.

Le roi des Belges est un type d'homme d'affaires, homme des grandes affaires, des grandes entreprises. Il aime l'argent et sa qualité royale, en ne lui permettant pas de se livrer à son penchant, lui doit peser quelquefois non seulement à cause des gains à réaliser qu'il entrevoit, mais aussi par besoin naturel de « faire des affaires ». Dans la vie ordinaire, il serait gros industriel ou financier actif, toujours en quête de quelque vaste entreprise fructueuse à lancer. Il est doué d'une opiniâtreté soigneusement dissimulée et de ruse réfléchie.

En politique, il traite les questions en homme d'affaires. Excellent diplomate. Il ne se presse pas pour agir, il mûrit ses projets, mène ses desseins en secret et, quand l'heure lui semble sonnée, il les met au jour avec fermeté, à l'étonnement de ses adversaires qui le croyaient vivant dans une placide indifférence. Il résiste habilement, sans heurt, à ses ennemis.

Comme homme, il est jouisseur et viveur, mais plein de discrétion, de prudence et tout en gardant un sévère décorum. Il est beaucoup plus passionné en réalité qu'en apparence, et plus passionné encore dans ses désirs qu'en fait. Les jeunes filles ont un grand empire de séduction sur lui.

Il est aimable, cordial et assez affectueux avec un fonds d'égoïsme. Il n'est pas avare, mais il n'est pas non plus généreux. Vénus combat Saturne.

Malchanceux dans ses affections. Il verra disparaître autour de lui tous ceux qu'il aime.

W. E. GLADSTONE

HOMME D'ÉTAT D'ANGLETERRE

SATURNE ET JUPITER

Une puissance cérébrale extraordinaire, supérieurement organisée. Des idées taillées et fondées dans le granit. Une intelligence systématique mais encyclopédique, une mémoire universelle et durable. Une opiniâtreté et une persévérance inlassables. Beaucoup de prévoyance. C'est le politique profond qui nourrit en soi des plans larges, des opinions fortes, et secrètement même vis-à-vis des intimes. Il ne se découvre qu'au moment de l'action. Il provoque admirablement les circonstances

E. W. GLADSTONE,
né à Liverpool le 29 décembre 1809.

Ph. Birne and Cº.

qui doivent servir ses projets cachés et en favoriser le succès.

Mais rien, dans le visage de M. Gladstone, n'annonce un homme chanceux, au contraire ; aussi ne peut-il devoir sa haute situation qu'à une énergie formidable et à une intelligence qui parvint quelquefois à écarter les embarras que les événements mettaient en travers des circonstances amenées par lui. Les événements furent les auxiliaires providentiels de la gloire de Bismark : les événements sont les ennemis de M. Gladstone. Puis, cet homme qui ne plie pas fut la victime souvent de son opiniâtreté. Sa destinée, comme son caractère, manque de souplesse.

Par orgueil, il ne supporte pas d'être le second, mais il accepte parfaitement d'être remplacé. Il se retire dans la vie privée sans souffrir de la perte du pouvoir; et, comme il est un homme prodigieusement actif, il dépense dans ses affaires personnelles l'activité qu'il ne met plus au service de l'État.

Il est philanthrope et humain par raison. Sa philanthropie est large, mais systématique comme tout ce qui pousse en lui.

C'est un égoïste. Jeune, il ne fut pas un amoureux, mais il est familial. Dans son intérieur, il sacrifie volontiers aux désirs de sa femme et de ses enfants; il tient beaucoup à la paix. En politique, il est également un pacifique, et sincère.

Autre avare, mais pourtant généreux avec les siens, exclusivement avec les siens. Jupiter protège ses proches.

HENRIK IBSEN

AUTEUR DRAMATIQUE NORVÉGIEN

SATURNE, JUPITER ET MARS

Le grand écrivain norvégien est un original, au beau et large sens du mot. Il l'est dans son œuvre et doit l'être dans sa vie. C'est un indépendant dans la plus grande force du terme. Il ne supporterait aucune domination, et les influences n'ont sur lui aucune prise. Il aime ses idées, y tient et ne se soucie nullement de celles des autres.'

On ne peut pas dire qu'il soit un inspiré, car son esprit est critique et réfléchi. Sa conception vient

HENRIK IBSEN,
né à Skjean le 20 mars 1828.

Ph. Hanfstaengl.

d'un ensemble de réflexions, mais dans la mise en œuvre il s'exalte, s'emporte et ses idées, spontanément, prennent une vie intense, s'animent prodigieusement ; il fait des trouvailles au cours de son travail et, sans enthousiasme, méthodique plutôt, dans la genèse d'une œuvre, il devient, dans la confection de l'œuvre, un poète. De tendance, il est affirmatif, absolu et parfois cruel. C'est un intellectuel avec de la violence.

Dans la vie privée, il est excentrique et fantasque. Il manque tout à fait d'ordre domestique. Il est cassant, pas toujours bon, mordant à l'occasion et ne pardonnant pas les offenses. Il est dominateur vis-à-vis d'autrui autant qu'indépendant pour lui-même. Il brise souvent avec ses amis, fussent-ils d'ancienne date. Il se crée des ennemis, il excite les jaloux. Il a une fausse prudence, ou du moins une prudence d'intention qu'il n'applique pas dans ses actes. Il casse les vitres. C'est un irritable. Quand il prend un air bonhomme, il faut se méfier de lui ; il a de la finesse et de la ruse à l'occasion.

Ce n'est pas un amoureux, mais, ne s'attachant pas à la femme, il s'attache à la maison. Le coin du feu lui est cher ; il y réfléchit et il y rêve aussi. Il est enclin à l'hypocondrie et à la misanthropie.

C'est un méconnu silencieux, qui ne daigne pas s'expliquer. Orgueilleux et ambitieux, il ne sollicite pas ; il faut qu'on lui apporte les insignes des honneurs sur des coussins. Alors, il en éprouve une satisfaction intime qu'il n'avoue pas, bien qu'il ait réellement un dédain foncier de ces choses. Dans la vie mondaine, — qui lui est difficile. — il ne s'efface pas et veut tenir la place à laquelle il a légitimement droit. Mais jamais il n'intriguera pour obtenir quoi que ce soit. Trop d'orgueil pour cette besogne vile.

De même, il désire l'argent, mais il faut qu'il lui tombe du ciel. Il ne le gaspille pas.

Le visage d'Ibsen a une extraordinaire expression. Le regard est vif et droit ; la bouche, serrée, témoigne d'une concentration de pensée qui ne se dilapide pas en paroles vaines.

Le lecteur a vu plus haut le portrait d'Alexandre Dumas fils : Jupiter, Mars et Saturne. Ici, nous avons : Saturne, Jupiter et Mars. La dominante Saturne donne à Ibsen plus de concentration et un goût de la solitude que nous ne trouvons pas chez Dumas qui est, à cause de la dominante Jupiter, un triomphateur plus mondain. Mars, ne venant qu'après Jupiter, crée dans le caractère de l'auteur du *Demi-Monde* une équivoque que l'on ne rencontre pas dans le Saturne dominant Mars qui est en Ibsen.

Moins sociable que Dumas, Ibsen est plus franc, plus impératif et, pour tout dire, plus héroïque. Les éléments de leurs caractères sont les mêmes, mais la différence de valeur et de quantité de ces éléments creuse entre eux un abîme profond. Le Mars du grand dramaturge norvégien est plus véhément que celui du dramaturge français.

LOUIS PASTEUR

DE L'ACADÉMIE FRANÇAISE

SATURNE, LA LUNE ET JUPITER

Un homme simple, une grande âme, un esprit philosophe. La pensée est persévérante, le cœur est faible. Au milieu des chagrins de la vie, son moral a besoin d'être souvent remonté. Sa nature, quoique concentrée, s'abandonne à une entière effusion dans l'intimité. Il est prédisposé à l'hypocondrie et il y tomberait fatalement s'il était abandonné à lui-même. Il est plus profondément touché par les peines qu'il n'est sensible aux joies. Dans le succès et le triomphe, une vague tristesse intérieure s'empare de lui et lui fait, tout bas, mépriser les vanités de ce monde. Un méditatif pas heureux intérieurement, résigné par religion, mais point par nature. Un grand fonds de timidité.

Ce penseur profond, jamais radieux, est excessivement sensible aux attaques des ennemis, aux injustices, aux malveillances, sensible jusqu'à la préoccupation anxieuse, souffrant en secret et ne cherchant pas à réagir. Et il est dépourvu de moyens défensifs ouverts. Il est très consciencieux, incapable de rien faire ni de rien dire contre sa conscience; il a le courage de ses opinions, sans respect humain. De la modération en toute chose. Une persévérance et une ténacité puissantes.

C'est un homme qui aime véritablement; il aime sincèrement et durablement, mais à un cœur affectueux s'ajoute la force de l'habitude dans l'attachement. Il s'attendrit; les larmes lui viennent aux yeux facilement. Il est bienfaisant et charitable, en dépit d'une tendance à tenir à l'argent. Il est un mari fidèle, scrupuleusement observateur du serment conjugal; mais, du

Louis PASTEUR (École normale), né à Dôle en 1822.

Ph. Mairet.

reste, il n'a guère été tourmenté par les désirs sensuels. Volontiers, il abandonne à l'épouse le plein gouvernement de son intérieur et il sacrifie avec plaisir à ses caprices. S'il pardonne généreusement les offenses qui l'ont tant blessé, il en garde toutefois un long souvenir.

Pasteur, dont je parle au présent, comme on doit parler d'un

Louis PASTEUR, à 45 ans.

Ph. P. Petit.

grand homme qui ne peut tout à fait mourir, n'aime ni le faste, ni les pompes, ni les cérémonies. Ses goûts sont modestes; ses besoins, médiocres. La vie calme et retirée lui plaît; la tranquillité champêtre le séduit. Il n'est pas courtisan d'honneurs, ni de dignités; cependant, il les accepte avec une joie intime, moins par satisfaction personnelle que pour les avantages qu'ils créent à sa famille et à ses disciples.

Louis PASTEUR, en ces dernières années.

Ph. P. Boyer.

La perspective de la mort l'assombrit, l'émeut; et c'est à cause du chagrin de quitter ceux qu'il aime, plus que par peur de la mort elle-même.

Tel est ce savant chez qui les grands traits du caractère sont, en résumé : recherche persévérante, esprit de famille, tendresse et tristesse.

VICE-AMIRAL GERVAIS

COMMANDANT L'ESCADRE DE LA MÉDITERRANÉE

SATURNE, LA LUNE ET JUPITER

Le vice-amiral Gervais n'a pas l'aspect d'un homme heureux, et il ne l'est pas en vérité. Son naturel est sombre, il est sujet à des désespérances intimes; il broie du noir, il est enclin à la misanthropie, il ronge son frein en silence. Des deuils nombreux l'atteignent dans ses affections, qui sont profondes et stables. Il ne s'épanche que dans l'absolue intimité. Un renfermé. En lui grondent sourdement des colères qu'il comprime, car

Amiral GERVAIS,
né à Provins le 19 décembre 1837.

Ph. Pirou.

il est irritable. Il réussit à combattre ses idées de suicide; d'ailleurs, il y est aidé par un fonds de religion. C'est l'homme qui se possède tristement.

Forte intelligence, bien pondérée; esprit sérieux et méditatif. Il agit avec calcul et ténacité. Beaucoup d'exactitude et d'obéissance à la discipline. Grand courage militaire et absence d'énergie dans le civil. Il se montre opiniâtre comme soldat : l'homme est faible et facile à désarmer. Il est de ceux qui ont besoin d'être soutenus par un devoir à remplir, par une règle à suivre et qui sont toujours à la hauteur des missions qu'on leur confie, mais qu'ils ne sollicitent pas. L'amiral Gervais est un strict observateur du devoir, plein de loyauté, de droiture et de fidélité à ses engagements.

Une ambition secrète le tourmente, mais il manque des moyens qui assurent les grands succès. Il ne sait pas se mettre en évidence, ni faire valoir ses mérites, et, laissant échapper les occasions favorables à l'ascension de sa fortune, il ne profite pas des chances qui s'offrent à lui. C'est un timide et un effacé qui s'efface avec douleur. L'injustice et l'ingratitude excitent cruellement ses souffrances morales. Il ne sait pas se défendre.

Soldat, il est susceptible de mouvements d'audace et de témérité imprévus.

HENRY MARET

DÉPUTÉ ET JOURNALISTE

SATURNE, LA LUNE ET LA TERRE

Intelligence sagace. Un raisonneur qui n'est pas superficiel. Son esprit systématique n'exclut pas l'imagination ; il est même porté à la rêverie. — la rêverie mélancolique. Un pessimiste, un misanthrope, un solitaire. Pourtant il a besoin tout de même, par moment, de soins affectueux et de compagnie tendre ; le moral, enclin à la désespérance, cherche parfois les occasions de se revivifier au charme d'une parole amicale. Il est fidèle et sûr dans ses affections.

Son ambition est grande et cachée, mais entravée par une malchance persévérante. Sa

HENRY MARET,
né à Sancerre (Cher) en 1838.

Ph. Camus.

malchance peut même l'entraîner dans l'adversité. Une tête de prisonnier.

Un homme bon, un cœur généreux, un penseur indulgent. Son

honnêteté, sa probité sont foncières. Le malheur et les exigences de la vie le menacent, non de recourir aux expédients, — ce dont il est incapable, — mais d'être faible devant ceux qui s'offrent. Je le répète : honnêteté, probité foncière.

Un caractère sympathique.

GÉNÉRAL DUCHESNE

SATURNE ET MARS

Soldat discipliné, ponctuel, d'une soumission absolue, tenant à l'obéissance, qu'il pratique et veut qu'on pratique à son égard. Sa force est dans la persévérance.

Il n'est ni le stratège aux vastes plans, ni le grand capitaine aux inspirations héroïques, mais il a toutes les qualités d'opiniâtreté, d'obéissance et d'autorité dans le commandement pour mener à bien une mission définie.

Il a le courage du sang-froid. Il est le soldat solide à son

Général DUCHESNE,
né à Sens le 3 mars 1837.

Ph. P. Petit.

poste et l'homme du devoir jusqu'à la mort inclusivement.

Presque tous les hommes sont ambitieux plus ou moins, et, dans la fréquence de ce sentiment, je suis bien obligé de l'attribuer à chacun des personnages de cet album. Mais l'ambition

diffère de degré et de manière de se manifester. Pour le degré,
je place devant le mot soit un superlatif, soit un diminutif;
mais, pour la manifestation, il faut tenir compte des éléments
divers du caractère. Si le général Duchesne est, dans la poursuite de sa carrière, un ambitieux secret, sans manifestation
extérieure, c'est qu'il est Saturnien, et que ce genre d'ambition,
nous le savons, est propre à Saturne.

ÉDOUARD DRUMONT

CHEF DU PARTI ANTISÉMITIQUE

SATURNE, JUPITER ET MARS

M. Édouard Drumont — le lecteur en conviendra — n'est pas apparemment d'une beauté apollonienne, mais sa physionomie est expressive, sa personnalité des plus intéressantes, et il en rejaillit sur sa laideur notoire quelque chose de sympathique.

ÉDOUARD DRUMONT,
né à Paris le 3 mai 1844.

Ph. Pirou.

Indépendance effrénée, assimilation intellectuelle vive, combativité rageuse, ambition énorme, tels sont les traits généraux de son caractère complexe.

Analysons son intelligence d'abord. Sa grande facilité d'assimilation lui permet même de traiter, sur des données saisies rapidement, des questions qui ne lui sont pas familières. En vertu de sa souplesse d'esprit, il possède l'art de travestir les idées au point de leur imprimer un cachet d'originalité. Ce n'est point un philosophe, mais il a des aperçus philosophiques, et il est avant tout une sorte de poëte et d'artiste, avec une érudition encyclopédique, mais légère. L'imagination le domine.

Ambitieux extravagant, il rêve du pouvoir. Toutefois, si, par une destinée brillante, son vœu s'accomplissait, il ne saurait, du pouvoir, supporter les obligations ; et il remettrait volontiers

16

l'autorité entre les mains d'hommes fidèles à ses idées, se contentant, lui, d'être le *Deus ex machina*. Voilà pour l'indépendant.

M. Édouard Drumont est un idéaliste qui, par une association heureuse de qualités qu'il est d'usage de considérer comme contradictoires, n'est pas dépourvu du sens pratique de la vie. Il conduit et gère bien ses affaires personnelles, sait défendre ses droits et ses intérêts, est épargneur et fait fructifier secrètement son avoir. Il aime l'argent et, n'étant pas avare, il fait le généreux, bien que sans inclination naturelle; il est charitable sans regret. C'est qu'il a le cœur bon et sensible, très pitoyable. Il a l'émotion facile, qui, dans certains cas, peut aller jusqu'aux larmes. Ces vertus généreuses triomphent d'un fonds intéressé.

Son amitié est franche, chaude et obligeante, mais d'une susceptibilité qui l'expose à des ruptures. Il est démonstratif et expansif avec certaines personnes, autant que fermé en face de certaines autres. Sans le montrer, il aime à être choyé et que l'on prévienne ses désirs. Ses rancunes sont excessives, il ne digère pas les offenses : c'est un ruminant. Vindicatif, il se venge avec rage et plaisir. D'ailleurs, fort irritable et très impressionnable, il n'est pas maître de lui et ne sait dompter ses violences de premier mouvement, — des premiers mouvements qui durent, par exemple. Ce n'est que longtemps après qu'il a, parfois, du regret d'avoir été trop vif, trop dur, trop cruel. Il est dépourvu de sang-froid; son courage est tout d'élan et de chevalerie et manque un peu de discrétion, la « galerie » ne lui est pas indifférente. Aussi est-il sujet à des défaillances, à des découragements passagers, à des remords; l'enthousiasme dans la lutte le reprend presque aussitôt.

C'est un homme qui tient beaucoup à ses habitudes, à son « chez lui »; la servitude lui est odieuse, la résignation lui est impossible. Ce libertaire est un intolérant, un fanatique estimable. Orgueilleux, il souffre étrangement des rivalités. Il déploie beaucoup d'activité intellectuelle et physique dès qu'il s'est mis en train, mais c'est un rêveur. — ni un désœuvré, ni un paresseux. — qui aime laisser sa pensée indépendante errer dans le repos et qui jouit de suivre le vol de ses idées nombreuses dans le calme et la rêverie.

Le confortable lui est cher. Un sensuel par caprice. Une femme ferait difficilement un esclave de M. Drumont; il lui brûlerait de l'encens, mais se conduirait un peu en pacha vis-à-vis d'elle. Enfin, il est de ces hommes dont l'intelligence mise en mouvement se développe et se fortifie dans le combat et s'utilise aux nécessités de l'existence. Né riche, il se serait laissé aller au bien-être et même aux excès de la vie oisive, et sa passion foncière, au lieu d'alimenter son intelligence, l'eût entraîné à la déchéance.

Édouard Drumont sera député, mais il est à craindre pour lui que cette situation qu'il envie ne lui soit un sujet de tourments et une cause de malheurs. Du sang-froid '— oh! ce lui est difficile — et qu'il ne brave pas la chance. Ceci est un simple conseil.

ALFRED NAQUET

SATURNE, JUPITER ET MERCURE

ALFRED **NAQUET**,
né à Carpentras le 6 octobre 1834.

Ph. Pirou.

Physionomie très intelligente d'homme habile et rompu aux manœuvres de la politique et des affaires. De la logique, mais peu de conviction. Il plaidera aussi aisément le pour que le contre. Point de franchise, bien qu'il en ait les apparences. En argot moderne, « un roublard ». Plus de savoir-faire que de fond. L'ambition est relativement faible chez lui; il suit la pente de son esprit qui l'entraîne à s'accrocher à la fortune des autres, se retirant d'instinct dès que les choses tournent mal. Naturellement ingrat en tout. Homme dangereux, qui égare volontiers son prochain dans des entreprises dont lui seul peut tirer profit. Tartufe. Il connaît à fond l'art de se faire une situation honorable, trop adroit pour être un concussionnaire, fût-il même tenté par le bénéfice matériel. Il ne veut pas se compromettre.

Il est poltron et excitateur, car un manque de générosité
d'âme l'incite à une sourde malice non active. Il provoquerait
le mal sans endosser de responsabilité. Un naturel destructeur
somnole en lui. C'est un conseiller néfaste et porte-malheur.

Il a peu d'amis, et cette solitude du cœur ne l'attriste pas. Il
méprise intimement les femmes et manque de courtoisie avec
celles qui lui accordent leurs faveurs. Les influences de Jupiter
et de Mercure sont mauvaises; il n'a que les défauts du type
malheureux de chacun de ces caractères.

Dire qu'il est sensuel est insuffisant.

Il est l'homme qui sait se rendre utile. Les victimes du mariage
réclamaient le divorce : il en fut l'apôtre, après M. Alexandre
Dumas fils. Dans le boulangisme, il a dû flairer une bonne
affaire ; mais, là où il fallait de l'audace, il fut souterrain vraisemblablement et, avec le désir de mener l'entreprise à bien,
donneur de mauvais conseils, dans l'intimité, au général Boulanger.

LE CARACTÈRE TERRIEN

Le caractère terrien se rapproche de celui de Saturne, avec un sens pratique plus développé, mais aussi avec une passion que les Saturniens, chez qui l'influence est forte, ne connaissent pas. Beaucoup de patriotes par amour du sol natal, par attachement d'habitude et de tradition, se rencontrent parmi les hommes de ce type. Tels, par exemple, le prince de Bismark et M. Paul Déroulède, dont le voisinage immédiat semble une ironie.

Et puis, voici M. Émile Zola tout près de M. Ferdinand Brunetière, et pas loin de M. Pierre Loti. M. Jules Guesde est à la droite de M. Déroulède, qui, décidément, ne se trouve pas dans une compagnie qui ait des chances de lui plaire. Qu'il s'en console, car son ami Coquelin aîné est du groupe.

L'influence de la Terre se manifeste en outre au premier rang chez MM. Sadi Carnot, Henri Brisson, Charles Dupuy, et avec moins d'importance chez MM. Henry Maret, Jean Jaurès, Alphonse Humbert et chez le roi d'Italie.

PRINCE DE BISMARK

EX-CHANCELIER DE L'EMPIRE D'ALLEMAGNE

LA TERRE, JUPITER ET MARS

Celui qu'avec rai-
son on nomme le
Chancelier de fer est
un homme de carac-
tère puissant, et non
d'intelligence univer-
selle comme Glads-
tone, le mieux orga-
nisé des hommes
d'État que nous ayons
rencontrés ici. Mais
les moyens d'action
de Bismark sont plus
variés et plus redou-
tables que ceux du
ministre anglais. Il
est de ces personna-
lités qui se révèlent
en temps de lutte et
qui ne se montrent
diplomates qu'avec
l'arrière-pensée de
frapper. C'est un
descendant de ces
hommes terribles du
XVIe siècle qui, tour

Prince DE BISMARK,
né à Schœnhausen le 1er avril 1814.

Ph. Lœscher et Pettch.

à tour ambassadeurs et soldats, par le traité et par le glaive,
luttèrent, les uns pour l'indépendance nationale, les autres pour
la suprématie. Homme de camp et homme de cour, Bismark, —

l'ennemi implacable de notre grandeur sans cesse compromise et sans cesse renaissante de par les superbes folies de nos héros, — Bismark a haussé l'Allemagne à un apogée qu'il domine avec un prestige dont l'histoire ne le frustrera point. Le ridicule et la lâcheté font horreur à l'esprit français. S'il est odieux d'insulter un ennemi vaincu, il est grotesque de dédaigner un ennemi vainqueur, d'autant qu'on le peut à la fois estimer et braver. Et puis c'est une joie d'avoir de grands ennemis : les petits peuples et les peuples morts n'en ont pas. Enfin, on ne fait jamais hommage aux grands hommes étrangers sans évoquer intimement les siens, à qui l'on prétend que justice soit aussi rendue.

Serait-il possible qu'un grand homme d'action ne fût ni ambitieux, ni orgueilleux, ni doué d'une volonté ultra-autoritaire? Mais croirait-on qu'un grand homme fût vraiment un grand homme s'il faisait passer l'intérêt personnel avant l'intérêt de la patrie ou de quelque autre idée? Bismark est un ambitieux colossal, un orgueilleux excessif, un dominateur formidable. En dépit de ses aspirations à la primauté, de son besoin de gouverner quasi autocratiquement, il est, par une sorte de fétichisme louable, attaché à son empereur, que celui-ci soit un Guillaume Ier couronné par lui, un Frédéric II méfiant, ou un Guillaume II ingrat. Il a le culte du maître, malgré ses vociférations furieuses dans la solitude et ses menaces intimes — qu'il ne mettra pas à exécution — contre le monarque qui le remercie de ses services. Il a l'adoration du maître, et il se soumet. Dans un pays monarchique, le roi ou l'empereur, c'est la patrie elle-même.

Si, en politique, il est tendeur d'embûches, sollicitant des avances et des aveux, tout disposé qu'il soit à trahir celui qui se confie, et s'il a la conscience élastique, c'est toujours pour le bénéfice du pays, et non pour un bénéfice personnel. Ses intrigues sont des intrigues de patriote qui affiche ouvertement qu'il se sent une mission à remplir et qui passe devant les autres. C'est un diplomate cauteleux et caressant. Combien ce serait puéril d'imaginer un homme d'État avec des vertus de pasteur de brebis! Il suffit qu'il n'agisse pas dans un but personnel et qu'il ait souci d'intérêts généraux.

Sa ruse est longuement et froidement calculée; et, avec des mouvements de franchise brutale dans les choses secondaires, il est absolument fermé quant à ses plans importants. Comme soldat, il a le courage du devoir, sans enthousiasme, et ce n'est pas un homme de tentatives héroïques et téméraires. Quand il semble qu'il accomplisse un acte spontané, c'est en vérité un acte prémédité depuis longtemps et dont il n'a pas confié le projet. Il n'oublie jamais les injures, il se venge quand le moyen ou l'occasion se présentent. Lorsqu'il ne peut atteindre ses ennemis, il les méprise, non sans cruellement souffrir de ne les pas voir à portée de ses coups. Parfois, il paraît audacieux : c'est encore par calcul, pour intimider. Il est tenace dans ses opinions, veut les faire prévaloir et ne supporte pas qu'on les discute; il brise qui lui résiste. Ses colères sont lentes à se déclarer, mais terribles dans leur explosion; il est enclin aux voies de fait et à l'homicide. Il est sévère dans l'application de la justice, terrible, impitoyable et cruel dans la répression. Il est stable dans ses amitiés, mais plus encore dans ses haines. Il se montre plein de morgue envers les puissants. Il tient à ses droits et à ses privilèges et n'admet pas qu'on y touche. Il ne supporte pas la disgrâce avec une grandeur d'âme aussi naturelle que forte en apparence, de même qu'il ne se soumet extérieurement qu'avec une révolte intime. Mais nous avons dit que, par culte de l'Empereur, il est incapable de manifester ouvertement cette révolte provoquée par une nature violente.

Dans l'homme, un fonds de sauvagerie : il aime les promenades solitaires dans la forêt et il est sujet à des tristesses profondes, à des pensées sombres qu'il dissimule, en compagnie, dans des boutades de gaieté parfois grossière. Il est très sensuel, il ignore et ne comprend pas les sentiments amoureux. Mais il affectionne les siens et, sans plus de tendresse que sa nature ne lui en permet, il est bon avec eux. Il est désireux de caresses, de prévenances, de procédés aimables, auxquels il est sensible intérieurement, n'ayant pas plus manifesté son désir qu'il ne montre de satisfaction. Il est fidèle et attaché à ses habitudes. Son amour de la propriété est considérable, il se plait à faire construire. Il est prédisposé aux excès de table, voire à l'ivrognerie ; il prend plaisir aux chansons bachiques et graveleuses. Il est secrètement superstitieux. Il est avare. Il gouverne admirablement ses affaires domestiques et oublie ses hautes fonctions dans l'État pour s'occuper des détails infimes de sa maison. Il est souvent d'une bonhomie un peu brusque et calculée et se laisse aller à une familiarité causeuse avec les humbles, surtout avec les travailleurs de la terre et de ses domaines.

Si la destinée l'avait placé dans une autre condition, il eût employé son intelligence à l'exploitation agricole ou minière.

PAUL DÉROULÈDE

ANCIEN DÉPUTÉ

LA TERRE, LA LUNE ET MARS

Un homme loyal et franc, qui préférerait la mort plutôt que de se rendre coupable de la moindre chose réprouvée par sa conscience. Dévoué à ses idées, à ses principes, à ses convictions ; pourtant, il écoute volontiers les observations et les critiques, et il en profite s'il y a lieu. Il n'est pas injuste envers les autres, il reconnaît leurs mérites et applaudit sincèrement à leurs succès, bien qu'il les juge avec franchise et indépendance. Il a horreur de solliciter quoi que ce soit pour lui-même ; il s'y décidera, non sans ennui, pour rendre service. Toute injustice, l'atteignant ou ne l'atteignant pas personnellement, l'exaspère. Et il est prêt à sacrifier sa liberté, à laquelle il tient singulièrement, sa fortune

PAUL DÉROULÈDE,
né à Paris en 1846.
Ph. Benque.

et sa vie pour le triomphe d'une cause chère. Grande bravoure.

D'une nature sobre, ses besoins sont très modérés. Le bruit mondain lui déplaît et le fatigue ; la solitude est de sa prédilection ; seul, il se suffit à lui-même. Il est peu perspicace dans le contact avec les hommes et il accorde assez facilement sa confiance jusqu'à ce que, par une médiocrité ou une malhonnêteté trop évidente, on s'aliène à tout jamais son estime. Sa rancune est alors tacite et obsédante, mais l'esprit de vengeance lui est étranger. Ordinairement réservé, il se plaint volontiers, dans l'intimité, de l'injustice, et il s'épanche avec amertume, avec aussi une tendance à exagérer tragiquement ses sujets de désillusion. Un fonds d'hypocondrie et de misanthropie assombrit cette âme à la fois noble et faible. Un tel homme, sans sa religion, qui est sentimentale surtout, se suiciderait à la suite d'enthousiasmes déçus.

Son imagination est féconde et imagée, et sentencieuse également. C'est un grand ambitieux de gloire, un rêveur qui voudrait jouer un rôle qu'il est incapable de remplir, sa nature le rendant impuissant à assumer de trop lourdes responsabilités. Son énergie d'éloquence entraînante l'abandonne dans l'action, sauf toutefois dans l'action guerrière, car il est doué d'audace martiale. Mais, par l'enthousiasme et la fidélité absolue, il est très apte à seconder un maître de volonté déterminée et inflexible. Il est honnête, franc et loyal par nature; il l'est en outre par orgueil. Nul n'a plus que lui le courage de ses opinions et de ses attaches. Un type de martyr acceptant la mort tranquillement. Cœur large et bon, chez qui l'habitude fortifie les affections.

M. Paul Déroulède est un indépendant d'idées, qui est susceptible de subir le joug dans la vie privée et de s'astreindre, soit dans la vie militaire, soit dans la vie politique, à une discipline, à un mot d'ordre, à une généreuse obéissance. S'il agit à son corps défendant, isolément, en chef de parti qui n'obéit plus, mais qui commande et qui entraîne, il défaillira dans la poursuite de son but; s'il ne se voit pas suffisamment escorté, il se découragera et se retirera, désertant la lutte. Enfin, il a besoin d'un appui moral, sans quoi il passe de l'enthousiasme le plus véhément à la désespérance la plus sombre. Il soliloque à haute voix dans la solitude.

Il aime la terre, le sol. C'est un soldat laboureur qui a l'amour de la propriété foncière, et non de l'argent en valeur fictive. Il a la religion du souvenir, il tient aux héritages de famille, aux reliques.

Un tel homme est exposé à se ruiner, soit par bonté de cœur en faveur de ses proches, soit par entraînement facile à se porter garant d'autrui, soit par dévouement à une cause. Les opérations de Bourse, si elles ne lui étaient odieuses, lui seraient néfastes.

JULES GUESDE

DÉPUTÉ

LA TERRE ET SATURNE

JULES GUESDE, né à Paris en 1845.

Ph. Capelle.

Un esprit systématique et assimilateur bien organisé, mais point du tout un homme d'action. Tout est théorie chez lui. Ce socialiste, que l'on traite assez maladroitement de « sans-patrie » parce qu'il est partisan d'un large internationalisme, n'est pas de la propriété un ennemi aussi irréconciliable qu'on le suppose. Il aime *sa* maison, *son* pays, *sa* personne. Un orgueilleux sombre. Pontife, il ne traite personne en égal, ne confie à personne le fond intime de sa pensée. Il est tourmenté par de secrètes ambitions et ne doit point porter dans son cœur les hommes de son parti qui pourraient le supplanter.

Il est accessible à la flatterie, sensible à la plus légère atteinte. Ennemi constant. Un autoritaire.

En paroles, un sectaire selon sa tendance systématique ; dans ses actes, hésitant. Très propre à diriger un parti par la pensée, point du tout par l'action. D'ailleurs, homme malchanceux, il attirera la malchance sur son parti. N'ayant aucun pouvoir entraînant, au contraire. Un sec et un triste, une nature sans rayonnement. La femme n'a aucun empire sur un homme de ce caractère ; une femme, par un tel homme, est absorbée. Certains chagrins peuvent profondément l'affecter, ceux causés par les enfants, s'il en a.

Cet homme sans pouvoir entraînant s'exalte dans la solitude, parle tout haut, trouve des paroles véhémentes. En public, il se montre bien tel qu'il est : un froid. Mais c'est un travailleur acharné et il n'y a en M. Guesde aucune inclination frivole. Un grave.

Victime désignée des révolutions. Condamné par ses anciens partisans et par eux-mêmes mis à mort.

ÉMILE ZOLA

ÉCRIVAIN

LA TERRE, VÉNUS ET LA LUNE

ÉMILE ZOLA, né à Paris en 1840.

Ph. Nadar.

Vénus est mauvaise chez M. Zola. La Terre, Vénus et la Lune étant chacune d'une influence féconde, leur alliance donne l'excès de fécondité. La Terre est positive, Vénus est coloriste sensuelle — non à la façon de Mars qui est violent dans la couleur — et la Lune est imaginative. Un désagrément résulte de cette triplice, car l'imagination, au contact de la Terre, devient confuse et la couleur, triviale. Poëte et artiste sans contredit, M. Zola semblerait donc avoir le sens et la compréhension, poussés peut-être jusqu'à un génie particulier, des choses vulgaires qui l'affectent et dont il grossit l'importance.

Un peu de fanfaronnade dans son matérialisme. Une sensualité cachée qui atteint l'imagination. Il a l'ambition triste; elle le pousse aux idées noires. Il manque de flair, de perspicacité, de clairvoyance ; les événements trahissent ses fausses combinaisons. C'est un **pessimiste** sombre qui se donne des airs de tranquille optimisme. Il serait philanthrope dans ses paroles et profondément misanthrope en réalité. Il n'est ni généreux, ni serviable, à moins qu'on ne lui demande des services qui ne lui coûtent ni argent, ni dérangement, ou qui servent sa gloire. Il est avare, sauf pour ce qui est du luxe domestique.

Car c'est un familial attaché à la maison, à son « home », un casanier qui ne se dérange que par ambition et par intérêt, et avec ennui.

Production facile. Il y a chez lui un penchant à observer dans les régions basses, et non une volonté. Nature irritable et solitaire, il est l'homme

ÉMILE ZOLA,
dans ses derniers portraits.
Ph. Benque.

du constant sacrifice à sa popularité. Il se cramponne à la vie il voudrait jouir de vivre, et il ne le peut pas. Plus d'imagination que de puissance et, cérébralement, un peu de désordre qui fait croire à de l'encyclopédie.

Ce caractère souterrain, cet esprit ténébreux a écrit le poëme que lui seul pouvait écrire : *Germinal*. Zola est un homme des Mines. Où voyez-vous de la lumière sur ce visage qui n'est même pas régulier?

FERDINAND BRUNETIÈRE

DE L'ACADÉMIE FRANÇAISE

LA TERRE ET MERCURE

Un homme de fond, et non un homme de forme. Un observateur et un analyste dans le domaine des idées dépouillées de leur vêtement. Son jugement qui est prompt et sa critique qui est pénétrante ne peuvent s'exercer que dans l'abstraction. C'est un esprit minutieux, excité à la minutie par une abondance d'arguments qui précèdent en quelque sorte son analyse. Sa perception est intuitive, et lui permet de s'emparer vivement des choses. Mais il pense sous l'empire d'idées préconçues, qui viennent d'un attachement naturel — et non pas du tout de son

FERDINAND BRUNETIÈRE,
né à Toulon en 1849.

Ph. Ogeran.

érudition ni de son éducation universitaire — à tout ce qui est tradition, à tout ce qui est acquis et délimité comme un dogme. Il est dans l'attachement aux idées ce qu'un patriote est dans l'attachement au sol natal. Il est aussi intolérant qu'un patriote, sa foi est aussi forte, et il n'a pas moins de courage que lui dans la défense de ce qu'il aime. De cette façon, il apparaît un peu comme un Déroulède voué à la sauvegarde de la littérature classique du XVII⁰ siècle. M. Brunetière n'est pas un pédant ; il sert vaillamment une cause, fort belle d'ailleurs. Il n'a qu'une teinte de philosophie ; sa pensée manque trop de désintéressement pour qu'il soit un philosophe, et il est tout le contraire d'un artiste. Sans croyance religieuse, il est séduit par la force des dogmes catholiques. Il n'est aucunement sentimental. Avec des aspirations et des goûts d'art, il n'est doué ni de l'inspiration émue, ni de l'imagination ubiquitaire de l'artiste. C'est un fanatique intellectuel, plein du courage de ses opinions, d'audace mordante et défensive, qui, en d'autres temps, sous d'autres mœurs, serait même un persécuteur.

Il est exclusivement intellectuel, le cœur est sec. Dans la vie ordinaire, il manque de générosité, il est dépourvu d'amour ; il est positif, vulgaire et intéressé dans les choses d'argent. Un mari terne, qui s'isole chez lui et préférerait le célibat.

Vous n'avez pas oublié que les Mercuriens ont l'élocution spirituelle et facile, la répartie vive.

PIERRE LOTI (Julien Viaud)

DE L'ACADÉMIE FRANÇAISE

LA TERRE ET MERCURE

Le premier portrait nous présente M. Julien Viaud, officier de marine ; le second, dans ce travestissement exotique, exhibe M. Pierre Loti, romancier, affublé de l'un de ses nombreux costumes d'intérieur.

Petit homme, à l'intelligence vive. Beaucoup de vanité. Il est plein de confiance en sa personne exiguë, s'occupe peu du jugement des autres, méprise la critique et poursuit son chemin

PIERRE LOTI,
né à Rochefort le 14 janvier 1850.

Ph. Delphin.

avec arrogance. Il n'est pas exempt de cynisme ; il se confesse volontiers, pour le plaisir de parler de lui-même, car rien d'autre au monde ne l'intéresse. Il a un aplomb et une audace mondaine à toute épreuve.

Ne lui demandez pas de qualités élevées. C'est un cœur égoïste, il tient à l'argent et il n'a pas d'amis intimes. Il s'excuse de ses défaillances de cœur en épiloguant sur l'impuissance à secourir

PIERRE LOTI (Pharaon).

et tout en s'éperdant en protestations d'amitié. En vérité, il n'est qu'impuissant à aimer. Il dédaigne les femmes. En amour, un chercheur de sensations. Il n'est pas tendre ; de la coquetterie seulement.

Vindicatif et processif ; mais il n'est nuisible que très relativement, manquant de persévérance et d'activité dans la vengeance ; ses bavardages désobligeants seuls sont à craindre.

Fausse sensibilité. Il est tout simplement impressionnable à l'excès et nerveux, peureux et anxieux devant les choses de la nature. Il ne pense pas, et ses sentiments sont nuls. C'est un organisme inconscient qui s'exprime habilement. Par action réflexe, il possède le don de troubler et d'inquiéter à son tour, sans avoir celui d'éveiller aucune activité morale. Aussi le souvenir que laisse la lecture de ses livres est-il fort vague et fort insignifiant. Il est dépourvu du sentiment de la forme.

Les dangers violents le menacent dans l'ordre passionnel.

COQUELIN AÎNÉ

EX-SOCIÉTAIRE DE LA COMÉDIE-FRANÇAISE

LA TERRE, LA LUNE ET MERCURE

Un excellent mime, mais pas un acteur profond. Il observe et il imite, mais par aucune grande qualité du cœur ni aucune faculté de pensée il n'entrera « dans la peau » de personnages dont l'héroïsme serait plus intime que gesticulant. Son tempérament même est médiocre. Il a dans le caractère de la ténacité et de l'opiniâtreté, en bon Terrien qu'il est, et par exemple certains rôles de personnages ayant aussi ces éléments dans le caractère lui conviennent admirablement : un Robespierre dans le drame historique ou un Harpagon dans la comédie, et ce dernier rôle d'autant mieux qu'il est un adorateur du sac d'écus. Mais il est dénué d'imagination et de cœur, source des enthousiasmes.

COQUELIN AÎNÉ,
né à Boulogne-s.-Mer le 25 janvier 1841.

Ph. Benque.

Ce peut être précieux pour quelques auteurs de posséder un interprète de ce genre, car il ne s'écarte pas du rôle, et n'ajoute pas. Les héros chaleureux ne sont pas de sa compétence. Son

front, qui avance sur les yeux, indique une forte mémoire naturelle encore développée par la volonté, — les sourcils s'abaissent. Un nez un peu relevé, comme celui de Coquelin, très fréquent chez les acteurs, témoigne d'un manque heureux
de timidité.

Beaucoup de vanité. Amour
de la propriété. Il tient à ses
droits — toujours la Terre
— les défend avec énergie,
est processif et « mauvais
coucheur ». Très soucieux de
ses affaires. Les succès d'autrui lui causent peu de plaisir. Emportements vifs. Querelleur dans la discussion.
Sous des apparences de bravoure, il est facile à émouvoir. Des attitudes. N'est-ce
pas d'ailleurs un penchant
naturel chez les acteurs? Sa
gaieté apparente n'est point
foncière.

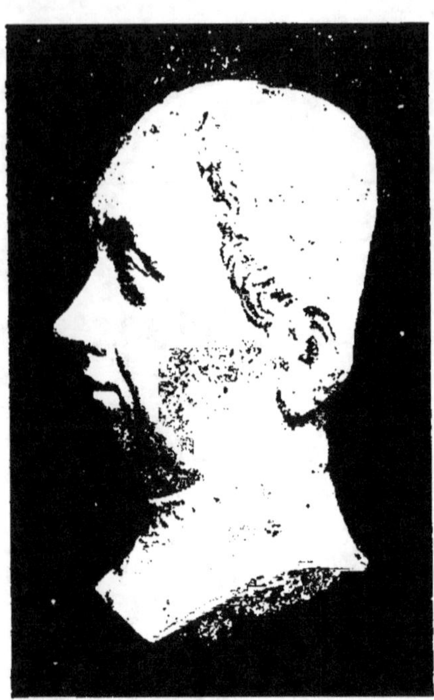

DU GUESCLIN.

Ph. Benque.

Et puis voici, d'après un
moulage exécuté dans la
basilique de Saint-Denis,
l'image de ce Bertrand Du Guesclin, à qui M. Coquelin ne ressemble ni moralement ni physiquement, quoi qu'il en pense.
Mais il lui plaisait d'incarner un rôle de brave jusqu'à la témérité. Le type de Du Guesclin tient de Mars, d'abord, et de
Saturne ensuite. Son caractère est bouillant, dur, batailleur,
frappeur et colère jusqu'à l'homicide. Sa franchise est brutale et
absolument ouverte, bien qu'à la guerre il soit rusé. Grand mangeur et bon buveur, il aime la plaisanterie graveleuse et il est
grossier en paroles. Pas de délicatesse en amour, mais des appétits violents, du tempérament. Serviteur dévoué jusqu'à la mort,

à laquelle il ne pense pas. Point mystique, sa foi religieuse est franche, mais cruelle. En guerre, il frappe et agit sans délibérer, d'instinct. Il est féroce dans la répression; un incendiaire. Il est naturellement exempt de remords et de regrets. D'ailleurs, il est aussi peu soucieux de sa vie que de celle des autres.

Mais M. Coquelin aîné serait soucieux de la sienne, tout au moins.

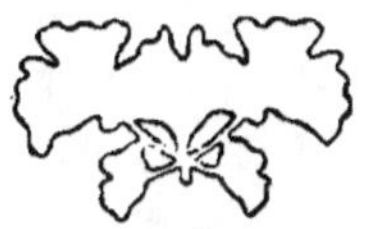

LE MONOCLE

AURÉLIEN SCHOLL

JOURNALISTE

Au port du monocle j'attache plusieurs significations physiognomoniques. Il est fort en usage, aujourd'hui que le scepticisme dédaigneux et l'esprit de « fumisterie » froide est un trait de caractère point rare. M. Aurélien Scholl, ce précurseur, est notoirement le maître du monocle.

AURÉLIEN SCHOLL,
né à Bordeaux en 1833.

Ph. P. Petit.

J'ai observé, — et vous observerez aussi, — que le carreau est en faveur chez les agressifs sans véhémence, chez les agressifs à ironie froide, à sarcasme mordant, sans passion profonde, chez les rageurs raisonneurs à la façon de M. Edmond Lepelletier, chez les hommes d'esprit sardonique et blessant. N'aiment à porter le monocle et ne le portent que ceux point choqués de la laide grimace qu'ils font en fronçant le sourcil.

Cette grimace inharmonique, méphistophélique, ne leur déplaît point parce qu'elle est bien l'expression d'un trait de leur caractère ; pour cette raison encore, ils la font aisément. Une contraction exagérée signalerait de la méchanceté ; un monocle ajusté sans presque point de contraction annonce de la fierté passive, de l'inertie dans le dédain. Beaucoup de jeunes gens, dont la vue est excellente, le portent par imitation, par enfantillage, par sottise; mais, s'ils ne sont pas tout à fait des imprudents, ils l'abandonnent vite : le monocle leur falsifierait le cœur, la grimace les inciterait à de méprisables attitudes. Et je me souviens de ce mot profond d'un jeune penseur disant à un ami, que le port du monocle amusait :

« — Prends garde aussi de mettre un monocle à ton âme. »

Ce conseil de prudence, ce reproche indirect et plein de tact éveilla plus vivement encore les remords de l'ami qui, déjà, s'était accusé de faiblesse puérile et dangereuse.

Ces portraits représentent M. Aurélien Scholl : le premier à l'époque de sa jeunesse agressive, au temps de ses articles les plus spirituels et les plus provoquants, le second aux jours actuels de son commencement de vieillesse aimable, adoucie, bienveillante même. Dans le premier portrait, il a le monocle menaçant de l'homme calme qui se possède et dissimule un fonds de batailleur sous

AURÉLIEN SCHOLL,
dans ces dernières années.
Ph. Reutlinger.

une surface tranquille; dans l'autre, le monocle prend de la bonhomie indulgente au-dessus du sourire de la bouche.

Il y eut dans le caractère de M. Scholl beaucoup d'indolence. Après des jours d'activité dans le plaisir — ô Vénus! — et la provocation — ô Mars! — il s'abandonnait vraisemblablement à des paresses prolongées, à l'ineffable jouissance de goûter le repos et la rêverie — ô Lune!

Vénus, Mars, la Lune, telles sont les influences qui président à la composition de ce caractère de plaisant chroniqueur parisien.

VISAGES ET CARACTÈRES DE FEMMES

Le petit nombre de ces portraits de femmes ne me permet pas d'établir de catégories par types, comme il a été fait pour les hommes. J'ai simplement cherché un arrangement qui ne fût pas trop arbitraire. Obéissant aux lois de la préséance, le pas a été donné aux reines. Sarah Bernhardt, cette autre Majesté plus régnante peut-être que les autres, n'est séparée d'elles que par Mme de Bonnemains, dont l'empire est tout de sympathie, et par Séverine, une aumônière qui quête dans tous les mondes. Mais il fallait un peu de musique et, en bon maître de cérémonies, j'ai prié Mme Augusta Holmès d'avancer avec son orchestre et Mme Roger-Miclos, brune exquise, de nous jouer une fugue, tandis qu'approchent, *molto vivace,* Gyp, la moqueuse, et Réjane, cette gamine, que miss Maud Gonne, qui n'a pas moins d'esprit qu'elles deux, ni de grâce, mais plus correcte, tient par la main et assagit un peu.

> Mon métier commence à m'user,
> Tant de labeurs m'ont fait morose ;
> Je voudrais enfin m'amuser...
> Tu vas me chanter quelque chose.

Et Rose Caron s'y prête fort aimablement ; et sans m'amuser, ce dont je la remercie. Puis, voici des parfums : Marthe Brandès, grisante, languissante et mélancolisante ; Jane Hading, essence grave, tranquille et attachante ; Emma Calvé, liqueur chaleureuse et généreuse, et non pas endormeuse. Et la svelte de Mérode, d'un joli coup de ballet, vous envoie, ô lecteur, ses pieds gentils dans la figure, n'ayant de regards que pour les rois et pour les princes, dont quelques-uns de la finance seulement.

Ouf! comme je voudrais n'avoir déplu à aucune de ces dames! Que ce métier est tuant!

Quelques rapprochements :

1° La reine Victoria (Lune, Vénus, Saturne); Mme de Bonnemains (Lune, Vénus, Saturne); Jane Hading (Lune, Saturne, Vénus); Marthe Brandès (Lune, Vénus, Terre); Emma Calvé (Vénus, Saturne); de Mérode (Vénus, Terre).

2° La reine de Roumanie (Terre, Lune); Séverine (Terre, Vénus, Lune); Rose Caron (Terre, Lune).

3° Sarah Bernhardt (Saturne, Lune, Mars); Mme Augusta Holmès (Lune, Mars).

4° Gyp (Saturne, Mercure); miss Maud Gonne (Mercure, Lune, Mars); Réjane (Lune, Mercure).

Reste isolément Mme Roger-Miclos (Saturne, Mercure, Soleil).

S. M. LA REINE VICTORIA

LA LUNE, VÉNUS ET SATURNE

S. M. LA REINE VICTORIA.

Ph. Lafayette.

La reine d'Angleterre nous présente un visage qui indique à la fois de la sensualité, du positivisme et du mysticisme. C'est une rêveuse que les souvenirs visitent familièrement ; elle est superstitieuse. Mais elle tient à son autorité, aux formes, à l'étiquette. Elle possède une certaine énergie de résistance et sait, à l'occasion, [imposer sa volonté. Ni rancune, ni amertume, et elle pardonne à condition que l'on se soumette.

Dans l'intimité, est très simple et très expansive. Elle montre envers les personnes qu'elle affectionne des prévenances et des procédés pleins de délicatesse ; elle est sensible à leurs chagrins, à leurs malheurs et elle s'attendrit jusqu'aux larmes. Aussi est-elle, de son côté, désireuse de caresses, de bonnes paroles et de flatteries. Son amitié est solide et constante. Comme épouse, une telle femme est fidèle et gourmande en amour. — Sa Majesté ne jouit pas de grandes facultés, mais son jugement est fin et ne manque pas de justesse.

S. M. LA REINE VICTORIA,
en 1838.

S. M. LA REINE DE ROUMANIE

LA TERRE ET LA LUNE

La reine de Roumanie, bien connue dans les Lettres françaises, sous le pseudonyme de Carmen Sylva, a une physionomie douce et tristement souriante, — beaux yeux profonds sous un front haut et intelligent, bouche aimante un peu douloureuse, — qui fait songer à ces femmes martyres qui se sont éperdues dans le bleu de tous les rêves de bonheur et qui sont tombées de leur empyrée en proie à toutes les déceptions de l'imagination et du cœur.

Plus passionnée intérieurement qu'extérieurement, les sentiments chez elle sont d'une ardeur intime et profonde que sa manière d'être n'exprime pas. L'amour se teinte de mélancolie. C'est une séductrice malheureuse qui séduit sans issue pour elle, sans bonheur possible. Mais, passionnée noble qui se dévoue jusqu'à l'héroïsme

CARMEN SYLVA.

Ph. Franz Mandy.

18

à celui qu'elle aime, dont elle a le culte, et si stable dans ses affections, elle ne ressemble en rien à ces reines volages et vicieuses dont l'Histoire est pleine. Elle aime physiquement et poétiquement, étant sensuelle par l'imagination et par les sens. Mais son âme est pure. Elle recherche l'amour en amour, et non le plaisir seul.

Dans l'existence que ce visage aimable nous raconte, que de larmes, que de tristesses, que de désespoirs, que de reproches à la fatalité et que de dégoûts de la vie capables d'inspirer le désir de la quitter! Dans la solitude, elle s'abandonne au souvenir de ses malheurs, elle s'exalte et les chante. Son cœur est comme les pauvres rossignols aveugles. De même elle est jalouse et sa jalousie, qui se résout en poème, bien qu'elle s'exhale et se répande lyriquement, la fait atrocement souffrir.

Mais elle n'est pas de ces femmes qui souffrent tout à fait passivement. Elle se révolte et provoque des scènes violentes, en évitant toutefois les témoins; et puis elle s'enferme dans ses appartements et pleure. Elle a de la dignité et de l'orgueil, et l'humiliation lui est insupportable. Son amour maternel est poussé jusqu'à l'abnégation absolue. La maternité est un refuge chez les femmes de ce genre : leur dévouement, leur tendresse et leurs baisers à l'enfant sont en proportion de leurs chagrins. Ce sont aussi des amies expansives et fidèles.

MARGUERITE DE BONNEMAINS

LA LUNE, VÉNUS ET SATURNE

Qui donc n'a pas été frappé par l'indéfinissable charme de l'amie du pauvre exilé qui ne sut pas à la fois être un chef de parti énergique et un amoureux tendre ?

Une femme avec de tels yeux, si doux, si caressants et d'un regard si droit (une jettatrice), avec cette attitude pleine de souplesse (la tête est penchée) et de réserve (la bouche est muette), marche au milieu d'ennemis. Les femmes la haïssent et l'envient, parce qu'elle est étrangement gracieuse ; les hommes, sans doute, parce qu'elle ne se donne pas aisément, la détestent et la méconnaissent. Mais un jour, l'un d'eux, qu'elle aura élu, l'adorera. Jusque-là, fatale à elle-même,

MARGUERITE DE BONNEMAINS.
Ph. Benque.

elle devient alors fatale à qui l'aime et est aimé d'elle.

L'amour est toujours un alliage. Chez cette femme, il est un alliage plus composé que chez toute autre. Elle veut qu'on l'*ido-*

lâtre, elle devine qui l'adorera ; mais elle ne saurait le rencontrer que parmi les hommes ayant une autorité, jouant un rôle. Il faut que son amour soit un triomphe et que l'on tente tout' par elle ou que l'on quitte tout pour elle. Son rêve : être l'Égérie d'un grand homme, soit pour l'encourager, soit pour le consoler et endormir ses ambitions déçues, et plus apte à ceci qu'à cela, car ce n'est pas une femme entreprenante, ni active. Elle conseillera même de se retirer de la vie publique, le passé suffisant à son ambition et préférant, en somme, que l'on quitte tout pour se confier à elle. Toutefois, c'est moins une volonté délibérative qu'un instinct enveloppant qui agit en elle. Elle est peu sensuelle et plus sentimentale idéalement qu'en fait. Pour ces deux raisons, elle est insatiable : son cœur est impossible à combler, ses sens difficiles à satisfaire. C'est pourquoi il lui faut d'autres preuves d'amour, un abandon complet dont elle jouisse. Elle vous enveloppe, vous neutralise, vous absorbe, vous endort et vous inspire de mélancoliques et infinies ardeurs, plus dangereuses que celles qui consument et qui ont une limite. Sa fidélité est un péril de plus. C'est la Sirène douce.

Qu'on ne l'accuse d'aucun calcul intéressé. Elle accomplit sa destinée malheureuse, car, jeune fille, elle a souffert de désirs vagues et, femme, elle souffre d'aspirations, tandis qu'elle captive, en anesthésiant toutes ses douleurs et pour ne lui laisser qu'une sensation de contrainte chère et de chaleur tiède et persistante, l'homme qu'elle aime. Je ne sais et personne ne sait ce qui se passa à son lit de mort, mais il me semble qu'elle a dû implorer, *du seul regard de ses yeux*, un sinistre serment de la part de celui qui inscrivit sur sa tombe : « A bientôt ! » et qui tint parole.

Ces femmes séduisantes et d'un empire si doux ne sont pas très rares. Mais il en est peu qui réunissent autant d'intelligence et de distinction que Marguerite de Bonnemains.

SÉVERINE

LA TERRE, VÉNUS ET LA LUNE

Sous une apparence de douceur et de passivité se cache une nature indépendante, qui n'accepte la domination qu'autant que cela lui convient et qui sait, à l'occasion, se défendre et résister.

Sa familiarité séduisante dissimule beaucoup de finesse et de ruse. Elle est loin de manquer de pratique dans les choses de la vie ; elle s'entend admirablement à la gouverne de ses affaires, connaît l'art de se faire valoir et défend adroitement ses intérêts et ses droits.

C'est une femme de cœur, mais aussi d'imagination, et sa sentimentalité tient plus peut-être de celle-ci que de celui-là. Elle exaltera pathétiquement la charité et volontiers fera des largesses, tout en évitant de se mettre elle-même dans l'embarras. Elle est pareillement plus voluptueuse par l'imagination que par les sens, bien qu'elle soit une sensuelle, — une sensuelle qui a besoin d'entraînement et qui devient alors ardente. Elle est très sensible à la pitié et très obligeante, parfois même envers ceux contre lesquels elle a quelque grief. Elle est sans rancune et, quand elle se venge, elle le fait en chatte, d'un coup de griffe furtif. Elle n'est pas exempte de petite vanité, elle aime les louanges et les flatteries, bien qu'elle s'en défende ouver-

SÉVERINE.

Ph. Benque.

tement. Elle est caressante et embrasseuse à vous dévorer.
Nous apercevons en elle un heureux mélange de ruse et d'ingé-
nuité, de cœur et de comédie, de fidélité et de scepticisme. En
amour, chose curieuse, elle peut à la fois aimer jusqu'au dévouement absolu et ne pas estimer, ne pas croire en celui qu'elle
aime. Le sourire et les larmes lui sont familiers et, se laissant
facilement aller à l'affection sans y trouver le bonheur, elle a
dû beaucoup souffrir et abondamment pleurer. Mais elle a un
petit fonds de philosophie qui la console; d'autre part, les amitiés féminines lui sont un refuge. De la religiosité vague. Le
culte du souvenir.

Elle est aussi malchanceuse dans la vie privée que favorisée
par la fortune dans la vie publique. Habile pour attirer l'argent
à elle — car on ne peut dire pour *amasser* — et prudente dans
sa charité, elle se laisse, dans certains cas, trop aisément dépouiller, et elle voit se dissiper ce qu'elle eût désiré conserver et
qu'elle avait acquis à force de travail et de charme.

Que voulez-vous? elle a un air « bonne fille » qu'il lui serait
impossible de cacher et qu'elle ne songera pas à nier.

SARAH BERNHARDT

SATURNE, LA LUNE ET MARS

On n'est pas une femme comme Sarah Bernhardt, on n'a pas comme elle occupé et conquis le monde, dévoré plusieurs for-tunes, parcouru toute la terre et cravaché d'heureux amants, sans être douée de tous ces défauts brillants et favorables que l'on croyait dévolus aux seuls hommes. Elle est la grande tragédienne justement admirée, et pourquoi vous étonneriez-vous qu'elle ne ressemblât point aux communes des mortelles ? Ses défauts font son génie. Ils sont providentiels.

Tout chez elle vient de l'orgueil, de la tyrannie, de la violence, de l'indépendance et d'un fol besoin d'ostentation ambitieuse. Elle manque de tendresse foncière, mais elle sait divinement la simuler. Elle est profondément égoïste. Une femme

SARAH BERNHARDT à 24 ans.

Ph. Mulnier.

despote au delà de toute définition, près de laquelle la vie est un paradisiaque enfer. Ses sentiments s'affirment plus passionnément dans sa haine que dans son amour, où il entre toujours un peu de parade ; elle est diaboliquement sensuelle, par caprice, et capable de meurtre passionnel, car elle est jalouse à l'excès.

Sa violence naturelle est encore exagérée par la volonté d'être violente ; la tragédienne ne se repose jamais, même quand le rideau est baissé; il lui faut des drames dans son existence. Mais on ne s'attache pas à elle, en dépit de toutes ces qualités et attraits point banaux. Elle fascine d'abord, vous soûle ensuite, vous met en esclavage enfin, ce à quoi les hommes ont de la disposition, pas encore assez toutefois. Féroce dans la vengeance.

Elle veut de l'argent pour paraître, elle en veut beaucoup et elle l'aime. Cependant elle le gaspille en prodigalités insensées ; toutefois, elle n'est généreuse qu'à ses heures et, pourvu qu'on lui plaise, susceptible de largesses exagérées.

Elle est encline aux coups de tête, envoie tout « promener », brisant même sa position, dont elle rétablit l'équilibre bientôt après, avec une adresse que les jongleurs ne connaissent pas. Son cœur a peu souffert, son amour-propre énormément. Elle est plus remuante que persévérante, car elle change trop d'idées ; sa pensée est mobile comme une bourrasque.

Sarah BERNHARDT (Phèdre).

Ph. Nadar.

La pensée de la mort lui est familière et, ne pouvant l'écarter, elle la nargue et la brave ostensiblement, se faisant construire des cercueils élégants. Le plus grand danger qu'elle coure est celui d'une adversité décisive qu'elle devra à son désordre, à son imprévoyance et à sa disposition à trop abuser de sa chance.

Une grande artiste qui ferait croire à cette définition du génie : un excès.

AUGUSTA HOLMÈS

LA LUNE ET MARS

Les femmes chez qui l'on trouve un peu du caractère de Mars ont toujours ou la main légère ou l'injure facile, et quelquefois les deux. La vie près des Martiales, si elle est variée et pleine d'incidents, même d'accidents, est rarement un délice. Elles ont de bonnes heures dont il faut profiter, mais, s'il est possible, les fuir aussi souvent qu'elles vous le permettent.

L'intelligence de Mlle Holmès s'assimile aisément les choses; elle n'est point créatrice et se manifeste dans un savoir-faire où elle déploie de l'habileté. L'auteur de la *Montagne noire*, de l'*Hymne triomphale* et de quelques morceaux de concert et de salon sait avant tout tirer un parti satisfaisant de ce qu'elle sait.

AUGUSTA HOLMÈS.

Ph. Benque.

Toute capable qu'elle soit de se défendre jusqu'à la gifle inclusivement, après avoir passé transitoirement par l'invective, ses emportements sont sans grande durée. Sa franchise est blessante et parfois brutale. Elle est encline aux antipathies marquées et susceptible de provoquer, surtout chez les femmes, des inimitiés durables. Dans son attitude, elle est hautaine, imposante et déclamatoire, voire prétentieuse ; elle aime, quand elle se montre, briller et écraser les autres. Pas de rancune, avec des résolutions de vouloir se venger qu'elle oublie.

Sa sentimentalité est empruntée, le goût du fracas lui est plus naturel. Elle est dépourvue d'imagination. Toutefois, c'est une femme qui s'attache par l'habitude et par les sens. Elle est, pour user d'une métaphore malheureuse mais explicite, d'une fidélité canine un peu — comment dire cela? — hargneuse dans sa jalousie. Elle est fortement sensuelle. Les jouissances de la bonne chère excitent également ses désirs; mais, gourmande, elle est capricieuse dans ses goûts de table.

Ses chances d'argent sont intermittentes; elle conserve toujours cependant des apparences de fortune, elle connaît l'art du décorum. Elle aime l'argent et le gaspille pour elle-même ; ses générosités sont accidentelles et se produisent par toquades. Mais, quand elle s'est attachée de la façon que j'ai dite, elle se laisse dépouiller jusqu'à la ruine, qui la menace sans cesse. Au jeu, déveine constante. Dans l'amitié, des ruptures nombreuses.

En somme : une « bonne fille » emphatique. Emphatique jusque dans la narration de ses malheurs.

MME ROGER-MICLOS

PIANISTE

SATURNE, MERCURE ET LE SOLEIL

Est-il possible d'être plus jolie que cette musicienne, si gracieuse dans toute sa personne, d'une distinction si fascinante et d'une fierté si aimable! C'est la femme inspiratrice des passions ardentes et des sentiments profonds. Une Marguerite de Bonnemains est enveloppante et absorbante. Celle-ci est troublante et consumante. Une femme fatale qui provoque la jalousie violente jusqu'au danger de devenir la victime du jaloux qui l'adorerait. Elle rencontre difficilement l'idéal qu'elle rêve et ne peut d'ailleurs le rencontrer

Mme ROGER-MICLOS.

Ph. Daireaux.

sans péril pour elle-même. Quand nous disons qu'elle est inspiratrice de passions ardentes et de sentiments profonds, qu'elle trouble et consume, nous ne voulons pas dire qu'elle exerce quotidiennement son pouvoir n'importe sur qui et que sa route soit jonchée de cadavres. Loin de nous cette idée tragique. Au contraire, elle a peu de chance de se faire aimer de la grande majorité des hommes qui sont, ou exclusivement sensuels brutaux, ou exclusivement sentimentaux fadasses, ou un peu sensuels et un peu sentimentaux, tout ensemble, avec un peu d'imagination. On la décourage aisément en amour, mais ce n'est pas qu'elle soit capricieuse, au contraire, car, l'idéal rencontré, elle est fidèle et dévouée, étant elle-même une femme de passion et de sentiments durables. Pour sentir vraiment ce qu'il y a d'attirant en elle, il faut posséder des dons nombreux, sans quoi on ne rend à sa nature qu'un imparfait hommage. Sa sensibilité et son sentimentalisme sont exagérés par l'imagination. L'amour, près d'une femme de ce genre, devient quasi terrible et beau. C'est une flamme sans cesse entretenue. Elle sait les paroles amoureuses qui incitent à la folle expression, au complet abandon et oubli de soi-même ; elle envoûte, elle vous prend l'âme, elle vous consume. Un passionné inintelligent ne subirait pas tout le pouvoir de cette adorable femme, et l'on sait que l'amour qui se complique d'intellectualité est plus intense que tout autre. Elle est orgueilleuse, fière, jalouse, despote et tyrannique, mais avec un tact qui ne rend sa domination ni humiliante, ni blessante. Elle n'est pas d'un caractère heureux ni insouciant. Une arrière-pensée sombre la poursuit au milieu même de ses triomphes. Sa persévérance, son opiniâtreté et sa résistance viennent de l'ambition, mais si la malchance s'acharnait sur elle, on la verrait défaillir dans les grandes luttes. Elle est fort heureusement douée de ce charme invincible devant qui tout cède.

C'est une femme qui n'agit pas spontanément, elle réfléchit longuement en toutes circonstances, voire même quand elle aime. Elle laisse plus souvent espérer qu'elle n'accorde.

Les femmes du type de Mme Roger-Miclos sont très rarement fécondes ; la plupart sont stériles ou perdent leurs enfants quand elles en procréent. Fréquemment déçues dans leurs affections.

GYP

ROMANCIÈRE

SATURNE ET MERCURE

La femme du monde, la descendante de l'une des plus nobles familles de France, l'écrivain qui se cache — sans trop se cacher, puisque nul n'ignore qu'elle est comtesse de Martel, née de Mirabeau — sous le pseudonyme de Gyp, a adopté une devise très spirituellement effrontée : « Et puis après ? » Certaines devises personnelles, comme celle-ci, ne sont-elles pas autant significatives qu'un visage ?

Indépendance qui échappe à toute domination, grande confiance en soi, aplomb imperturbable, tels sont les traits les plus évidents du caractère de Gyp.

Mᵐᵉ la comtesse DE MARTEL DE JANVILLE (*Gyp*).

Ph. Benque.

Une pareille audacieuse ne fut jamais timide ; jeune fille, elle put même être insolente, mais d'une façon gamine et moqueuse, sans arrogance. Une bavarde à jet continu, toujours avec esprit. Femme vive, pétillante, combative, sans profondeur de jugement, mais douée d'un sens comique et critique aigu. Elle déteste la solitude, il lui faut un interlocuteur, à condition cependant qu'il parle moins qu'elle. Elle est opiniâtre et entêtée.

Sensuelle nullement. Ambitieuse, elle préfère à tout la conquête du public et le triomphe de son esprit à la victoire de son charme. Elle est très habile dans le gouvernement de ses affaires, dans la défense de ses intérêts. Tantôt de grandes prodigalités, des dépenses exagérées, parfois des économies de bouts de chandelles. Elle est maîtresse de maison, ne laisse à personne le soin de diriger chez elle et s'entend admirablement à faire les honneurs de son salon. Un peu querelleuse dans la vie conjugale et prompte à châtier.

Une mondaine qui n'aime le monde que pour les occasions de bavardage, sans l'estimer.

MISS MAUD GONNE

CONFÉRENCIÈRE POLITIQUE IRLANDAISE

MERCURE LA LUNE ET MARS

Miss Maud Gonne s'est, toute jeune fille, à vingt ans, dévouée à la cause des paysans irlandais, ses compatriotes ; et depuis, — cela ne fait pas de nombreuses années, — elle n'a cessé de lutter avec le plus vaillant courage et le plus vrai désintéressement. Elle n'écrit pas, elle parle ; à Paris. à Londres, à Dublin et dans toute l'Irlande, elle s'est montrée une infatigable conférencière. J'ai eu l'honneur de la rencontrer plusieurs fois. Elle a la taille d'un homme qui serait grand et autant de grâce que la plus gracieuse des femmes. Elle est jolie, souple, aimable, et, quand elle parle. on oublie de lui répondre parce qu'on voudrait l'entendre encore.

Miss Maud Gonne est

Miss MAUD GONNE.

Ph. Reutlinger

une intuitive et une impressionnable. Le lecteur n'est pas arrivé à cet endroit du livre sans s'être rendu compte des éléments qui composent le caractère de Mercure. Voici trois femmes qui déploient leur activité sur des champs différents, et toutes trois possèdent de mêmes talents, dont elles font un usage différent. Réjane utilise à la scène sa faculté de langage spontané, varié, vif et sa mimique si finement et si complètement expressive; Gyp l'utilise au salon, et Maud Gonne à la chaire. Et rien n'est étudié en elles : un don naturel. Elles ne réfléchissent pas ou, du moins, elles réfléchissent si vivement que cela ne s'appelle plus de la réflexion, mais de l'intuition; et elles ont de la sensibilité intellectuelle à tel point que la plus légère provocation de cette sensibilité se traduit en acte immédiat et proportionné à la cause. Comme je voudrais pouvoir expliquer longuement que la mimique de Réjane ne vient pas de l'étude, que l'esprit de répartie de Gyp ne vient pas d'un acquis d'observation et d'expérience et que la décision dans la lutte chez la belle et courageuse Irlandaise ne vient pas du travail de la raison! Et toutes trois se possèdent admirablement. Pourquoi? Mais n'ai-je pas dit que la sensibilité mercurienne est intellectuelle? Celle-là est imperturbable, tandis que celle-ci, — la sensibilité sentimentale ou animale, — est éminemment sujette à l'affolement, au trouble et à la décomposition des facultés et de leurs moyens.

Maud Gonne est audacieuse, entraînante, tenace dans ses idées adoptées, et désintéressée quant à l'argent. Son ambition est d'agir. Elle sait se défendre et défendre ce qu'elle aime. Respectez-la, car elle est capable de tuer l'homme qui manquerait à son devoir vis-à-vis d'elle. Elle est énergique et volontaire : voyez le menton et la mâchoire inférieure. Quand elle parle, les arguments se présentent en succession à son esprit; elle n'en manque jamais, elle en abuserait plutôt. Son calme apparent cache de l'inquiétude; courageuse devant le danger évident, elle est obsédée par la crainte des dangers mystérieux. Elle se ferait tuer dans la bataille : en Irlande elle a entendu des balles siffler à ses oreilles sans même tressaillir, et elle a peur de la mort dans la solitude, dans la nuit. Des ennemis invisibles troublent son repos.

Une femme de ce genre est romanesque en amour et sensuelle par l'imagination; elle ne s'attache pas, pour beaucoup de raisons. D'abord, elle ne peut subir aucun joug, dans le mariage elle serait malheureuse et divorcerait; elle est vagabonde et indépendante et, si elle ne s'impose pas aux autres, elle exige en retour qu'on ne s'impose pas à elle; elle sait briser avec délicatesse les chaînes qui l'embarrassent. Puis elle est dépourvue de tendresse, sa charité est intellectuelle; elle aime d'une façon générale, en philanthrope, mais pas en amoureuse. La belle attitude d'un homme pourrait la séduire, mais ce serait une illusion dont elle reviendrait vite. Ensuite, par coquetterie toujours intellectuelle, par ambition de gloire faite d'un beau sacrifice, pour n'exciter ni la jalousie des uns ni l'envie des autres et plaire universellement, elle ferait plus volontiers le vœu de chasteté que le vœu d'amour. Mais il y a plus de chances encore qu'elle ne fasse ni l'un ni l'autre.

Un danger : le suicide. A moins que la jeune indépendante ne s'asservît un jour à quelque religion qui la dominerait, le seul empire qu'elle accepterait après l'ennui d'être libre.

RÉJANE

DU THÉATRE DU VAUDEVILLE

MERCURE ET LA LUNE

Mme RÉJANE.

Ph. Reutlinger.

Une gamine, un gavroche. De l'esprit et de la gentillesse en masse et capable de tous les écarts de geste et de langage quand on l'a poussée à bout ; son vocabulaire peut être, dans ce cas, audacieux. Assimilation spontanée. Elle a un genre de talent naturel qui lui permet d'exercer sans fatigue l'un des plus fatigants métiers. Elle est apte à s'assimiler si aisément un rôle que l'auteur, dont elle a à peine entrevu le manuscrit, a bien des chances d'être oublié d'elle ; je parie qu'elle joue en s'imaginant qu'elle improvise et invente ; elle n'improvise certainement pas, mais elle invente. Elle ne comprend pas un rôle, elle le devine. Ce métier d'actrice, si mal exercé, en général, avec tant de faus-

seté et si peu de distinction, devient avec elle un métier délicat.
Elle a le don comme *nulle autre*, aujourd'hui, ne le possède.

Elle manque absolument d'ordre matériel. Elle a un cœur si

Mme RÉJANE (dans *Madame Sans-Gêne*).

Ph. Reutlinger.

faible et si bon, et son indépendance est si forte, qu'il n'en résulte pour elle que des liaisons malheureuses. Des yeux assez
gros, aux paupières supérieures abaissées, indiquent toujours,
quand les lèvres sont charnues et la bouche plutôt grande,

une sensualité de jeune faunesse. Livrons-nous à une petite équation :

$$\text{Bon cœur et sensualité} = \text{Entraînement facile}$$

$$\text{Entraînement facile} = \text{Mariage ou liaison}$$

$$\frac{\text{Mariage ou liaison}}{\text{Indépendance et désordre}} = \text{Discorde.}$$

Les femmes du genre de Réjane sont des épouses à la fois difficiles et charmantes. Elles sont généralement battues parce que généralement elles commencent par vous battre après vous avoir dédié quelques aménités. Mais elles n'ont pas de rancune et quand, la colère passée et plein de regrets, on s'approche avec des excuses ou un baiser aux lèvres, elles vous pardonnent et le raccommodement avec la petite faunesse est délicieux.

Un conseil : que Réjane fasse des économies! Un second : qu'elle se méfie des voitures !

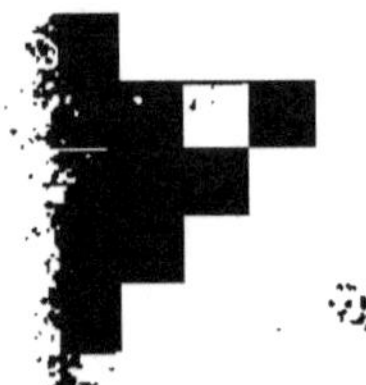

ROSE CARON

DE L'OPÉRA

LA TERRE ET LA LUNE

Voilà une femme qui ne doit rien à la chance, qui doit tout au travail opiniâtre et à la lutte persévérante. L'ambition remonte son courage. Elle ne connaît pas la joie intime. La malchance l'a poursuivie dans son enfance, dans ses amours, dans ses débuts. Elle a le triomphe triste, il lui a donné trop de peine. C'est qu'elle n'avait ni qualités brillantes, ni souplesse de nature. Elle est heureusement douée d'énergie et de réflexion dans ses actes. Douce avec les humbles, elle est fière et cassante avec ceux qui sont au-dessus d'elle et qu'elle doit solliciter.

Mᵐᵉ ROSE CARON.

Ph. Benque.

Dans la vie privée, elle s'attache d'amitié et d'habitude, subissant même le joug, les injustices et les ingratitudes, malgré un fonds de révolte et d'irritabilité. Elle se laisse dépouiller.

Une femme très méritante et peu favorisée. Au milieu même du succès, il lui faudra lutter toujours pour se maintenir dans la haute situation qu'elle a atteinte, tant l'équilibre en est peu assuré.

MARTHE BRANDÈS

LA LUNE, VÉNUS ET LA TERRE

Une mélancolique douce; une rêveuse qui n'aime pas la foule. Une contemplative et une voluptueuse. C'est une femme fatale pour laquelle on se ruine. Marthe Brandès est un peu du genre de Marguerite de Bonnemains : elle enveloppe et séduit avec un charme insinuant et paralysant. Elle n'est pas une passionnée violente; elle est plus caressante, plus frôleuse que sensuelle. Elle a des gentillesses et des câlineries de chatte — qui sait à l'occasion montrer les griffes.

Quels beaux yeux langoureux ! Quelle belle bouche embrasseuse ! Promesses qui déçoivent souvent. La voluptueuse

MARTHE **BRANDÈS.**

Ph. Reutlinger.

charmante a ses jours de froideur et son ami lui sera odieux. Mais elle n'aime pas plus l'absolue solitude que la foule. Il lui faut une présence et du chuchotement autour d'elle. Elle cherche la société d'une compagne quand son ami lui déplaît. Inconsciemment, elle fait beaucoup souffrir ceux qui l'adorent.

Contemplative en même temps que voluptueuse, elle serait encline à vouloir se procurer des extases artificielles. Elle jouit de la vie avec imprévoyance, et s'expose à une vieillesse prématurée et nécessiteuse. Elle est aussi menacée de provoquer des jalousies dangereuses pour elle.

Il y a un grand fonds de poésie dans la nature de la jolie pensionnaire du Français. Les promenades dans les lieux ombragés et la rêverie à la lune, par les nuits claires, lui procurent un plaisir et des émotions qu'elle ne trouve pas dans l'ambition satisfaite. Elle est médiocrement ambitieuse. Des boutades d'ambition et des petites révoltes passagères de sa vanitée blessée; elle manque de persévérance dans l'intrigue.

Comme actrice, elle ne s'assimile que les rôles qui l'émeuvent et elle fait alors merveille. Dans l'étude des rôles qui ne lui conviennent pas, sa mémoire même refuse de la servir. Sans émotion, pas de mémoire.

JANE HADING

DU THÉATRE DU GYMNASE

LA LUNE, SATURNE ET VÉNUS

Un caractère un peu mou. Bonne camarade, et femme excellente. Si une actrice diffère de Réjane, c'est Jane Hading. Elle n'a ni invention, ni assimilation vive, ni même une mémoire facile. Mais elle est ponctuelle et exécute avec précision ce qu'on lui indique de faire ; et, si elle se donne du mal pour apprendre un rôle, ce rôle une fois su ne lui échappe plus. Un instrument docile. Elle a besoin d'être dirigée et elle permet qu'on la dirige.

Hors du théâtre, dans la vie ordinaire, c'est exactement le même défaut d'initiative. Sa volonté est lente dans son action ; elle est inca-

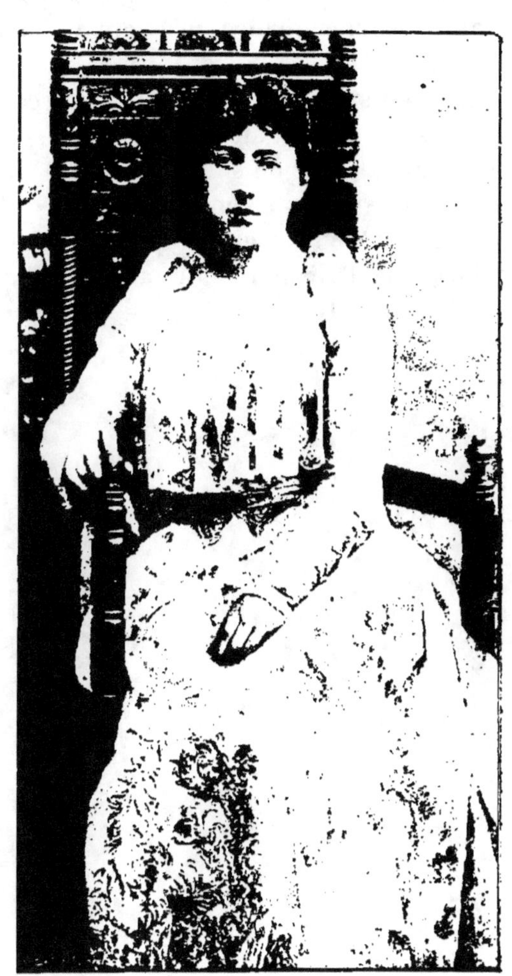

JANE HADING.

pable de prendre une grande décision d'elle-même : elle a besoin des conseils des gens qui lui manifestent de la sympathie ; alors, elle agit, par fidélité aux conseils, avec une opiniâtreté qui manque de clairvoyance. Elle a l'horreur des soucis et des luttes. Faute de conseils, elle obéit parfois à des pressentiments. Mais elle ne supporte pas les mauvais procédés et n'accorde sa confiance qu'à ceux qu'elle voit sincères dans leur amitié.

Une sensuelle sans ardeur, passive, qui n'entraîne pas, mais se laisse entraîner au plaisir et qui, « mise en train », excite à son tour la verve de son compagnon, se plaignant si un peu de lassitude l'invite au repos.

C'est une chanceuse à qui la fortune est inconstante, mais celle-ci ne l'abandonnera jamais définitivement. Malheureuse dans ses affections.

EMMA CALVÉ

DU THÉATRE DE L'OPÉRA-COMIQUE

VÉNUS ET SATURNE

Une passionnée ardente, aux sentiments profonds et durables.

Elle s'attache plus qu'on ne s'attache à elle.

Elle est jalouse, tyrannique et vindicative.

Elle fait des scènes à ses amants et ne les rend pas heureux, bien qu'elle aime. C'est une de ces sensuelles admirables dont les désirs, qui viennent à la fois de l'abandon sentimental, de l'excitation des sens et de l'imagination exaltée, sont difficiles à satisfaire. Grand dévouement par amour. Un très bon cœur et une générosité d'élan, mais de la tendance à reprocher violemment, à ceux envers qui elle fut aimante et bonne, d'avoir été l'objet de son affection et de ses bienfaits.

Dans son amour elle est comédienne par nature, non par calcul ; elle exagère ses passions qui sont déjà chaleureuses. Comme tous les grands passionnés, elle court des dangers : la folie amoureuse à la suite de

EMMA CALVÉ.

Ph. Reutlinger.

déceptions de cœur, ou bien sa carrière brisée. Le feu la menace également, et moins le feu dans un incendie que le feu provoqué par elle-même, par son imprudence, chez elle. Elle aime le feu et ne s'en méfie pas ; qu'elle prenne garde.

Mais, si elle évite ces divers dangers, sa réussite sera prodigieuse, triomphale.

LEURS BANDEAUX

CLÉO DE MÉRODE

DU CORPS DE BALLET DE L'OPÉRA

VÉNUS ET LA TERRE

Elles portent toutes de ces bandeaux qui leur font des fronts en ogives et des yeux lointains qui ressemblent à deux veilleuses au fond d'une nef. On les croirait chastes, nos petites gothiques, à voir leurs coiffures; mais, rassurez-vous, elles sont toujours d'une libérale impureté.

Une mère a-t-elle rêvé pour sa fille un air plus virginal que celui de Cléo de Mérode, une tenue plus simple, une élégance plus distinguée? J'en doute. Mais comme elle fait rêver plus encore les pères qui, habitués des coulisses de l'Opéra, ne gardent sur sa vertu aucune désespérante illusion !

Des fées bienveillantes, ses marraines, l'ont dotée avec une générosité pleine de prévoyance. L'une lui dit :

— Enfant mignonne, accepte de moi toutes les vertus pratiques qui font les femmes fortunées et rouleuses d'hommes.

— Donne tout de suite, répondit la fillette, qui, dans un éclair de pensée prophétique, avait entrevu des lumières de diamants, des mobiliers, des soieries, des laquais et des carrosses, tout cela en miniature comme des jouets.

Et l'autre fée dit :

— Mais tu n'aurais aucune joie dans la vie si tu ne connaissais les petits chagrins de l'affection, ni les plaisirs des sens. Sois sensuelle, et sois sentimentale.

— Qu'est-ce que c'est que ça? dit l'enfant qui ne comprenait pas.

Depuis, elle a compris. Elle sait maintenant toute la valeur des avantages dont ses marraines l'ont enrichie. Et combien elle en tire profit dans son jeu amoureux! Comme elle est habile! Elle simule d'autant mieux le sentiment et la passion profonde qu'elle est capable de les éprouver, ce qui est d'un rapport sûr. Robert-Houdin n'était pas loin de l'Opéra, et l'homme, qui a mis quarante années à faire le trajet qui les séparait n'a pas encore eu le temps de perdre le goût des illusions. La petite dupe à cheveux bouclés de Robert-Houdin est aujourd'hui la dupe chauve de la danseuse. Que les cheveux tombent, cela en somme ne change pas beaucoup une créature masculine; et elle ne l'ignore pas, l'adroite prestidigitatrice. Elle est très sensuelle; mais elle est de ces femmes qui sont prématurément blasées physiquement, et dont les sens ressemblent au mauvais estomac d'une personne qui, néanmoins, aurait conservé un bon appétit.

Elle est encore de celles qui cachent un amour réel de der-

CLÉO DE MÉRODE.

Ph. Nadar.

rière le cœur au milieu d'une existence de caprices intéressés ;
dans ceux-ci elle joue consciencieusement son rôle, sans dégoût,
sans économie de charmes. Les personnes consciencieuses réus-
sissent toujours. Et, comme il faut bien rire par devoir, elle rit,
mais pas sincèrement, d'une façon saccadée. Elle est d'une nature
intimement triste, et sans ce côté pratique, très marqué chez
elle, et que l'on rencontre à des degrés divers chez toutes les
Terriennes, elle serait par tempérament la plus tendre, la plus
voluptueuse et la plus constante amante ; elle serait infidèle par
curiosité, mais elle reviendrait toujours par attachement sentimental et habitude physique.

Elle n'a pas de chance. Son avenir est douteux.

CONCLUSION

Le lecteur a parcouru avec curiosité la première partie de ce
livre ; il me semble que, dès les premières pages de la seconde,
il est devenu soudain plus attentif, que sa pensée, au fur et à
mesure du défilé des portraits, s'est faite plus active et que
toutes sortes de réflexions l'ont alors assailli. En somme, il ne
s'est vivement intéressé à ces visages que parce qu'il pensait
surtout à lui-même, se souciant bien moins du caractère des
nombreuses personnalités présentes en ces pages que de son
propre caractère, qu'il a consciencieusement essayé de déterminer, dans l'espoir, — que nous avons fait naître en lui, — de
présager de son avenir d'après les éléments de sa nature.

Pour moi, qui me suis appliqué à cette étude sans prétendre
à rien démontrer, sinon que l'observation de la physionomie
humaine nous ménage d'instructives surprises, j'en viens, toute
science mise à part, à une conclusion générale sur l'individu,
son caractère, son avenir. Devant ces feuillets, tout à l'heure
épars et à présent groupés, afin de ce livre faire une chose composée, je m'aperçois que je suis un peu moins ignorant qu'à la
veille d'entreprendre mon travail. Hier encore, je me semblais
être un scribe employé aux besognes de quelque service d'an-
thropométrie, notant sur des fiches, en regard de chaque photographie, les renseignements que l'observation me donnait,
d'après les principes d'Eugène Ledos. Aujourd'hui, un rayon de
lumière, tombé du ciel de la philosophie, en répandant sa clarté
dans mon esprit, m'élève au-dessus de la condition du scribe
et me paye d'un bénéfice imprévu.

J'ai procédé comme le lecteur. Voyant passer sous mes yeux,
un à un, tous ces personnages, la préoccupation de ma destinée
ne m'a point laissé de repos. La recherche du bonheur, notre

but à tous, me poussait à extraire d'entre les lignes de mes notes le secret du bonheur et la promesse de *mon* bonheur. Mais qu'est-ce que le bonheur?... C'est, pour les hommes comme pour les fleurs, une place au soleil afin de s'épanouir et assez de vigueur native pour résister aux vents. L'homme déteste l'ombre; et, bien qu'il y ait moins de soleil que d'ombre au sein des villes, il ne cesse de rêver d'Amour ou de Gloire.

Longtemps, avec un imprudent orgueil, j'ai cru que nos forces conscientes nous faisaient les maîtres de nos destinées; qu'il suffisait du génie aux hommes et de la ruse aux femmes pour rencontrer sur les routes la main généreuse qui vous offre à boire l'eau limpide de l'impétueux torrent d'amour, ou la foule enthousiaste formée en cortège et prête à vous suivre en chantant les hymnes triomphales entendues déjà dans nos rêves pleins de voix illusoires; j'ai cru que la volonté, mettant ces forces en œuvre, nous assurait la victoire.

Non!

Il s'agit moins pour les femmes d'être rusées et pour les hommes d'être intelligents que de répandre autour d'eux cet inconscient parfum qui attire les chances heureuses; et la volonté, puissance d'action, nous mène moins sûrement au-devant du bonheur que ne nous aide à écarter ou à supporter le malheur cette puissance de réaction qu'est la grandeur d'âme, puissance autrement profonde et par conséquent autrement moins définissable que la volonté.

Ce n'est pas l'activité qui nous fait triompher, mais la façon dont elle se manifeste. Au seuil de cet ouvrage, dans l'*Avant-propos,* j'ai cité M. Ribot : « Le caractère consiste bien plus en des états effectifs, une manière propre de sentir, qu'en une activité intellectuelle. » Nous devons à ces états effectifs d'être ou de ne pas être victorieux. La supériorité intellectuelle ne compense pas l'insuffisance du caractère.

C'est dans le caractère qu'est notre parfum: c'est à lui que nous devons le bonheur. Mais n'oubliez pas qu'il est des fleurs qui parfument un jour et meurent le lendemain, — fleurs éphémères; qu'il en est d'autres dont le parfum plaît un jour et nous lasse le lendemain, — fleurs fades; enfin, qu'il en est plusieurs que nous avons respirées pendant un jour et que nous jetons le lendemain dans le ruisseau de la rue parce que nous y avons découvert quelque poison caché, — fleurs dangereuses.

Nous serons heureux si notre parfum est un délice pour autrui. Si la tige est forte, — si nos sentiments, vertus mystérieuses, sont grands et nobles, — nous résisterons sereinement à tous les orages.

• C'est l'inconscient, c'est quelque chose de fatal qui décide de nous. Et il est admirable qu'il en soit ainsi... Une même justice règne sur les fleurs et sur les hommes.

Maintenant, salut à vous tous, lecteurs, et bonne chance!

TABLE DES MATIÈRES

PREMIÈRE PARTIE

DEUXIÈME PARTIE

Paris. — Imp. LAROUSSE, rue Montparnasse, 17.